철학적 글쓰기

– 학생과 교사를 위한 지침서 –

Writing to Reason

by

Brian David Mogck

철학적 글쓰기

Writing to Reason

– 학생과 교사를 위한 지침서 –

브라이언 데이비드 목크 지음

박상태 옮김

서광사

이 책은 Brian David Mogck의 *Writing to Reason* (Blackwell Publishing Ltd, 2008)을 완역한 것이다.

철학적 글쓰기 - 학생들과 교사들을 위한 지침서

브라이언 데이비드 목크 지음
박상태 옮김

펴낸이 ∣ 김신혁, 이숙
펴낸곳 ∣ 도서출판 서광사
출판등록일 ∣ 1977. 6. 30.
출판등록번호 ∣ 제 406-2006-000010호

(413-756) 경기도 파주시 교하읍 문발리 534-1
Tel: (031) 955-4331 ∣ Fax: (031) 955-4336
E-mail: phil6161@chol.com
http://www.seokwangsa.co.kr ∣ http://www.seokwangsa.kr

제1판 제1쇄 펴낸날 · 2011년 5월 30일

ISBN 978-89-306-2419-0   93170

나의 부모님께

† 차례 †

『철학적 글쓰기 – 학생과 교사를 위한 지침서』는 브라이언 데이비드 목크(Brian David Mogck)의 *Writing to Reason – A Companion for Philosophy Students and Instructors*(Oxford: Blackwell, 2008)를 번역한 것이다. 이 책은 어느 누구보다 옮긴이 자신에게 꼭 필요한 것이었다. 이 책을 보자마자 어떤 책 한 권을 떠올렸는데, 그것은 옮긴이가 학부 때 영작 공부를 하다가 우연히 손에 넣었던 윌리엄 스트렁크 2세(William Strunk Jr.)의, 보다 정확히 말해 스트렁크 교수의 책을 화이트(E. B. White)가 증보한 *The Elements of Style*(New York: Macmillan, 1978)이다. 당시에는 그 책을 정말 별로라고 여겼다. 거창한 제목에 비해 기껏해야 "규칙 몇 번"으로 명명한 명령문 투의 짧은 지시문들, 그리고 몇 가지 예문만을 포함한 볼품없는 책이라고 생각했기 때문이다. 하지만 한참 후에, 옮긴이는 그 작은 책이 미국 작문 교육에 막대한 영향을 끼쳤던 매우 유용한 글쓰기 지침서였다는 사실을 알고 놀라지 않을 수 없었다.

철학 전공자인 옮긴이는 현재 '학술적 글쓰기'라는 과목을 주로 강의하고 있다. 이는 옮긴이가 2005학년도부터 성균관 대학교 학부 대학의 '학술적 글쓰기' 과목을 전담하는 전임 교원으로 임용되면서 지금까지

이 과목을 매학기 4개 분반씩 계속 강의해 오고 있기 때문이다. 2005년 성균관 대학교 학부 대학의 출범과 더불어 개설된 '학술적 글쓰기'는 기존의 어문학적 기반의 작문 과목이 아니라, '비판적 사고 운동(Critical Thinking Movement)'을 반영한 글쓰기 교육, 즉 고등 사고력과 연계된 논증적 글쓰기 교육을 지향하는 과목이다. 사실 이 과목을 담당한 이후 옮긴이는 무척 분주한 날들을 보내야만 했다. 무엇보다 이 신설 과목의 정체성을 확보하기 위해 동료 선생님들과 함께 오랜 시간 노력을 기울였다. 우선 옮긴이 자신부터 체계적인 글쓰기 교육을 제대로 받아 본 적이 없어 글쓰기 공부를 다시 하지 않을 수 없었다. 또한 새로운 과목을 위한 교안 작성, 텍스트 발굴, 교재 개발 등에 많은 공을 들여야 했다. 그리고 매학기 5, 6백 편에 달하는 학생들의 글쓰기 과제물을 면대면으로 지도하는 교육 의무를 수행해야 했다. 특히 이 개별 면담은 옮긴이에게 이 과목의 정체성을 확립할 수 있는 중요한 기초 자료를 제공해 주었지만, 동시에 엄청난 부담을 주는 교육 시간이기도 하였다.

이제 어느덧 6년여의 시간이 흘렀다. 성균관 대학교 학부 대학의 '학술적 글쓰기' 과목은 비판적 사고 운동에 근거한 글쓰기 교육의 내용과 방법을 어느 정도 충실히 갖추게 되었다고 생각한다. 하지만 아직도 이 과목의 개별 면담 시간이 다가오면 여간 부담이 되는 것이 아니다. 제한된 시간 안에 수백 편의 글쓰기 과제물을 지도해야 하는 것뿐만 아니라, 거의 매번 반복되는 동일한 지적과 교정 내용의 단조로움, 그리고 세세한 내용 분석까지 이르지 못하는 형식적인 지도에 대한 자책감 때문에, 이 과목에서 가장 중요한 교육적 가치를 지닌 개별 면담 시간이 옮긴이에게 점점 무의미한 교육 과정으로 여겨지기 시작하였다. 아마도 이것이 옮긴이가 이번에 『철학적 글쓰기』를 번역하기로 결심한 가장 큰 이유였을 것이다.

옮긴이는 『철학적 글쓰기』가 오늘날 비판적 사고에 근거한 논증적 글쓰기를 교육하고 교육받는 이들에게, *The Elements of Style*이 영어로 글을 쓰는 많은 이들에게 영향을 미쳤던 것과 마찬가지로 매우 효율적인 글쓰기 지침서가 될 수 있을 것이라고 생각한다. 그래서 간결하지만 반드시 필요한 문체의 규칙들을 제공한 *The Elements of Style*의 취지를 항상 의식하면서 번역을 하였다. 그리고 저자 역시 마찬가지였을 것으로 생각한다.

저자는 이 책의 말미에 I부 전반에 걸쳐 자신이 소개한 철학적 글쓰기의 규칙들을 핵심어들을 통해 소개하고, 이 핵심어들을 본문과 연결 짓는 중요한 부록(부록 I: 절 번호와 상호 참조된 핵심어들)을 제시하고 있다. 이 부록은 그동안 '학술적 글쓰기' 과목을 교육해 온 옮긴이의 경험에 비추어 볼 때 학생들에게 반드시 그리고 빈번하게 지도해야 할 핵심적인 글쓰기 지침들을 망라한다. 그래서 이 책의 I부 내용은 틀림없이 철학적 글쓰기, 즉 우리 현실에서 '비판적 사고 운동'에 근거한 논증적 글쓰기를 교육하는 옮긴이를 비롯한 교사들과 이러한 과목을 이수하고 있는 학생들에게 간결하지만 구체적인, 논증적 글쓰기의 꼭 필요한 지침들로 기능할 수 있을 것이다.

다른 한편, II부(특히 8장)는 저자가 철학하기에 관한 자신의 한 가지 견해일 뿐이라고 조심스럽게 밝히고 있는 부분이다. 그러나 옮긴이는 이 책의 II부를 번역하면서 철학적 글쓰기 교육, 즉 현재 옮긴이가 담당하고 있는 '학술적 글쓰기' 과목의 정체성을 다시 한 번 생각해 볼 수 있는 계기가 되었다. 사실 형이상학을 전공한 옮긴이로서는 학생들에게 비판적 사고에 근거한 논증적 글쓰기 교육을 시작하면서 적지 않은 지(知)적 방황을 하였다. 비판적 사고에 기초한 논리 지향적이고, 다소 도식적인 글쓰기 교육이 학문에 대한 옮긴이의 감각과 자주 충돌을 일으켰고, 지금도 이러한 갈등은 옮긴이에게 글쓰기 교육의 철학적 기초에 관한 문제의식으로 여전히 남아 있다. 하지만 옮긴이 역시 우리의 개념과 참여에 함축된 것을 탐구하고 해명하며 이를 위한 명시적 표현의 도구를 개발하는 것이야말로 철학의 목적이라고 단언하는 저자의 주장에 나름대로 공감하고 있다. 그리고 이런 점에서 '학술적 글쓰기' 과목 역시 철학하기의 한 가지 유형인 것만은 분명하다. 그래서 옮긴이는 이 책이 논증적 글쓰기 교육의 지침서를 넘어서 철학하기의 한 가지 방안을 소개하는 교재로 이해될 수 있기를 역시 기대한다. 또한, 여담으로 들리겠지만, 옮긴이는 이 책을 번역하면서 철학 전공자로서 현재 변호사로 활동하고 있는 저자의 경력에서 이러한 유형의 철학하기가 보여 줄 수 있는 다양한 현실적 응용 가능성 역시 엿볼 수 있었다.

　이 책의 I부와 II부는 이처럼 옮긴이 개인에게는 매우 긴밀한 연관성을 가진 것이었다. 그러나 모두에게 꼭 그럴 것이라고 생각하지는 않는다. 따라서 이 책을 읽을 여러분에게 I부가 비판적 사고에 기초한 논증적 글쓰기의 간결하고 구체적인 지침으로 활용될 수 있다는 점을 강조하고 싶다 ― 그리고 누군가에게는 이 책의 II부가 철학적 글쓰기 교육의 정체성을 재고할 수 있는 좋은 기회를 제공할 것이다 ―. 무엇보다 I부에 나온 내용은 간결하고 구체적인, 논증적 글쓰기 지침의 특성이 무엇인지를 잘 보여 준다. 그리고 이것이 이 책의 가장 큰 장점이다. 하지만 옮긴이는 이러한 지침들의 의미와 가치를 자신의 것으로 만드는 데에는 많은 글기 실습이 소요된다는 점을 꼭 당부하고 싶다.

끝으로, 옮긴이에게 이 책의 번역을 의뢰한 서광사의 김찬우 부장과 세세한 교정을 담당했던 송신지 씨에게 진심으로 감사의 마음을 전한다.

2011년 5월 8일
박 상 태

서문: 사용자 안내

P.1 교사들이 유의할 점

P.1.1 이 지침서의 기원

나는 2피트 높이의 중간고사 논문 더미를 채점한 후에 이 지침서를 작성하기 시작했다. 나는 각각의 학생 논문에 대부분 똑같은 논평을 하고 있다는 사실을 깨달았다. 한 번만 논평을 작성하고 나서 학생들에게 필요한 논평의 원본 복사물을 참고하라고 하는 것이 더 효율적일 듯했다.

만일 어떤 교사가 수백 개의 논문을 채점하고 있는 중이라면, 그가 철학적 내용에 계속 관여하는 동시에 에세이 구성에 속한 실수들을 설명하고 세부적으로 비판한다는 것은 사실상 불가능하다. 그 결과 교사의 논평은 덜 상세하게 되거나 백 번째 논문에 이르게 되면 아마 이것마저도 그만두게 될 것이다. 그리고 작성된 논평도 인내심 없는 어투와 알 수 없는 내용이 될 것이다. 어느 쪽이든 건설적이지 못하다. 만일 학생들이 철학적 작문을 할 때 갖는 가장 흔한 문제들을 다루고 있는 이 지침서를 활

용한다면, 교사들과 학생들 간에 보다 실질적이고 철학적인 연대가 촉진
될 수 있을 것이다.

P.1.2 평가를 위한 명시적 기준들의 효용

이 지침서는 글로 쓴 과제를 평가하기 위해서 교사들이 사용하는 기준들
에 관해 교사들과 학생들 사이의 의사소통을 용이하게 할 목적으로 쓰였
다는 점에서 철학 논문 쓰기에 대한 다른 안내서들과 구별된다.

첫째, 이 지침서를 읽은 학생들은 철학 논문에서 무엇을 성취해야 하
는지, 철학자들이 그러한 목표가 어떻게 달성되기를 기대하는지, 그리고
이러한 목적을 실현하는 데 실패한 논문의 가장 흔한 이유들이 무엇인지
를 알게 될 것이다. 비록 철학자들이 일반적으로 정밀하게 양화된 자료
를 다루지는 않는다고 하더라도, 학생들은 논문을 평가하는 교사들이 상
대적으로 객관적인 기준들을 사용한다는 것을 처음부터 알고 있는 것이
중요하다. 만일 학생들이 인문학의 자극과 중요성을 음미하고자 한다면,
그들은 이 영역에서 무엇이 성공을 구성하는지를 알고 있어야 한다.

둘째, 교사들은 반복해서 쓸 것 같지 않은 지침, 충고, 그리고 비판에
대한 세부적인 설명을 학생들이 참고하게 할 효과적인 방법을 갖게 될
것이다. 학생들이 글로 쓴 과제 — 이 지침서를 활용함으로써 성취될 어
떤 것 — 를 제출하기 이전에, 교사들은 그들의 기대를 전달할 뿐만 아니
라 그러한 기대와 이를 충족시키기 위한 지시의 근거에 관해 어떤 지침
을 제공하는 것이 중요하다. 교사들이 이 지침서를 활용한다면, 그들은
학생들과 그리고 학생들 사이의 철학적 대화를 조정하는 데 일차적 관심
을 보이면서, 모든 학생들에게 철학적 글쓰기의 기초를 전달하는 데 도
움을 받을 것이다.

P.1.3 논문을 채점할 때 이 지침서를 활용하는 방법

아마도 학부생들의 철학 논문에 들어 있는 가장 흔한 결점은 설득력 있는 추리에 의해 옹호되는 명확한 논제가 결여되어 있다는 점일 것이다. 하지만 채점할 때 교사의 문제는 언제나 처음부터 학생들이 설득력 있는 추리나 논제의 결여를 인지할 수 없다는 것이다. 2학년 수업에 근거해 보건대, 아마도 학생들은 무엇이 논제인지 혹은 무엇이 설득력 있는 추리로 간주되는지조차 모를 것이다. 그래서 여백에 "너의 논제는 어디에 있니?"라고 쓰는 것은 아무것도 성취하지 못할 수 있다. 더욱이 매 과제마다 각각의 학생에게 논문의 논제를 정식화해 주고 그것을 논증하기 위해 무엇을 고려해야 하는지를 앉아서 설명할 만큼 여유로운 스케줄을 가진 교사는 없을 것이라고 본다.

이 지침서를 활용하는 것은 학생들에게 철학 교사가 무엇을 원하는지, 그들이 왜 그것을 원하는지, 그리고 논문이 그것을 갖고 있는지 여부를 어떻게 식별하는지를 설명해 주는 한 가지 수단이다. 논제 없는 논문에 직면한 교사는 이 지침서를 활용하여 여전히 "논제"라고 여백에 쓸 수 있다. 그러나 이제 교사는 이를 통해 논제가 무엇인지, 철학 논문이 그것을 왜 필요로 하는지, 그리고 그것을 어떻게 정식화하는지에 관한 내용을 다룬 ∥5 안의 상세한 논의를 학생들에게 참고하게 할 것이다.

P.1.4 이 지침서는 교사들의 고유한 통찰을 쉽게 활용하도록 할 수 있을 뿐, 이를 대신할 수 없다

이 지침서가 교사들이 수업에 끌어들인 철학과 철학적 저술들에 대한 그들의 고유한 통찰을 대신할 수 없다는 것은 명백하다. 이 지침서는 보충

자료와 참고 사항으로 의도된 것이다. 그러나 교사가 여기에 제안된 안내를 보충하거나 개선함으로써 학생들에게 논문 쓰기에 관해 가르치기를 기대하고 있다.

8장에서는 학생들에게 오로지 철학 교육에 대한 오리엔테이션을 하기 위해 기획한, 즉 **철학하기**에 관한 한 가지 견해를 밝히고 있다. 그것은 이 지침서의 나머지 다른 부분들보다 더 어렵고 논쟁의 여지가 있다. 그리고 이런 이유에서 나는 교사들에게 내가 말했던 것을 그들이 보기에 그들의 교육 과정에서 양성하려고 했던 철학적 그리고 교육적 가치에 부합하는지 여부에 따라 부과해도 되고 부과하지 않아도 된다는 점을 주의시키고자 한다. 몇 군데서 나는 학생들에게 거기에 제안된 철학관은 그들로 하여금 **그들이** 생각하는 철학이 무엇인지 — 이것은 일차적으로 그들의 교사와 교육 과정 내의 텍스트에 의해 자극받고 안내되어야 할 모험이다 — 에 관해 생각하기 시작하도록 의도한 것임을 일깨워 주고 있다. 교사들에게 I부는 II부와 독립적으로 활용할 수 있는, 보다 효율적인 채점을 하기 위해 기획된 실천적 공유점이다.

P.1.5 이 지침서는 채점표 채점하기인가?

채점표 채점하기는 (a) 채점할 때 활용할 일군의 기준들과 (b) 그것들을 성취했을 때의 성공의 정도(예를 들어 미흡, 우수, 최우수 등)에 대한 약간의 설명으로 이루어진다. 때때로 이러한 기준들은 하나의 축 위에 차례로 놓인 기준들과 다른 축 위에 차례로 놓인 성공의 정도에 대한 분류들이 들어 있는 표로 제시되어 있다. 매럴리 하렐(Maralee Harrell)은 내용과 문체를 평가의 주요 범주로 삼는, 그녀가 사용하는 채점표를 보여 주었다 (Harrell 2005). 내용의 하위 범주들에는 논증, 이해, 분석, 종합, 그리고 창의가 있다. 문체의 하위 범주들에는 명석함과 조직성이 포함된다. 그녀는 격자형 채점표 — 즉 (하위) 범주들과 성취도를 제시한 표 — 를 구성하고, 각각의 격자형 박스에 점수를 준다(예를 들어 "논제" 항목에서 "우수"를 획득한 학생은 총점 85점 가운데 4점을 획득한다).

　이 지침서가 철학적 저술의 성공에 대한 기준을 측정하는 한, 이것은 채점표 채점하기로 생각될 수 있을 것이다. 하지만 아래에서 나는 이런 기준들을 충족시킬 때의 성공의 정도에 대한 체계적 묘사를 제공하고자 한 것은 아니다. 그러한 이유는 어떤 수업에서 어떤 유형의 과제들에 어떤 기준들을 적용하는지와 이러한 기준들을 충족시킬 때 덧붙여진 상대적 중요성(이것이 가장 중요한데)은 교사가 부과하는 거의 어떠한 두 과제물들 사이에서도 다를 것이기 때문이다(Harrell 2005 : 4-5). 이 지침서는 임의의 특정한 교육 과정, 혹은 과제의 채점표 이상의 것으로 응용되도록 의도한 것이다.

　그럼에도 불구하고 이 지침서를 사용할 교사가 이를 채점표 혹은 격자형 채점하기로 역시 활용한다면, 이 지침서는 환영할 만한 지침서가 될 것이다. 이것은 철학자들이 이 분야에서 성공을 측정하는 데 따르는 원리들을 설명하고, 그들의 저서에 대해 취하는 경향적 태도를 전달하려고 애쓰고 있다.

P.2 학생들이 유의할 점

P.2.1 초보 학생들

철학 논문 쓰기를 위한 이 지침서는 일차적으로 학부생들, 특히 철학 논문을 처음 작성하거나, 혹은 단지 그들의 교사들이 무엇을 기대하는지 더 잘 파악하기를 원하는 이들을 위한 것이다.

P.2.2 상급 학생들

상급생들과 대학원생들 역시 이 지침서에서 그들이 개선할 수 있는 몇 가지 이상의 영역들을 발견할 것이다. 나는 학위 논문을 작성하는 과정에서 이런 내용들을 복습함으로써 많은 이득을 얻었다. 그리고 내가 이 지침서의 교훈들에 보다 주의를 기울였더라면, 혼란스럽고 모호한 추론들이 실제보다 훨씬 더 적어졌을 것이다! 이러한 교훈들의 많은 것들은 근본적인 것들이기 때문에 노련한 필자들에게서도 계속 반복되어야 한다.

P.2.3 철학 전공자들

3, 4학년 철학 전공자들은 벌써 개인적인 글쓰기 첨삭을 담당 교사나 그들을 지도해 왔던 다른 교사로부터 받았어야만 한다. 그러한 개인적인 첨삭을 받아본 적이 없는 상급생들에게 다음 사항을 추천하겠다.

1. 10쪽 이하(더블 스페이스, 폰트 12 포인트)로 된 자신의 가장 훌륭한 두 편의 글쓰기 표본을 선택하라.
2. 자신의 학과에서 최고의 학자라고 생각하는 교사(반드시 가장 친한 분이어야 할 필요는 없다)에게 그것들을 읽어 주실 것을 부탁하라.
3. 그분에게 자신의 글을 향상시킬 방안을 찾기를 원한다는 말씀을 드려라, 그리고
4. 그분의 충고를 얻기 위해 20분의 면담을 요청하라.

이러한 종류의 대화는 글을 쓰는 방식뿐만 아니라 철학적 텍스트와 문제에 접근하는 방식에 관한 가치 있는 피드백을 제공해 줄 것이다.

P.2.4 이 지침서를 활용하는 방법

이것은 상대적으로 짧은 지침서이다. 그러나 이것은 즉시 내면화할 수 없는 많은 가르침들을 담고 있다. 결국 글쓰기는 오로지 훈련과 연습을 통해서만 향상될 수 있는 기예이다. 그리고 이 지침서가 성공적인 것이라고 할지라도, 그것은 훌륭한 철학적 글쓰기의 가장 일반적인 특징들의 일부만을 다룰 수 있을 뿐이다.

학생들은 때때로 철학을 실천한다는 것이 무엇을 의미하는지 혹은 철학적 글쓰기가 다른 학문의 글쓰기와 어떻게 다른지에 관해 처음에는 아무것도 모른 채 철학 논문을 쓰도록 요구받는다는 사실을 깨닫게 된다. II부는 철학을 한다는 것이 무엇을 의미하는지, 철학 교과 과정에서 어떻게 성공할지, 철학 논문에 어떻게 접근할지, 그리고 학문적 완전성의 필수조건들이 무엇인지를 설명한다. 8장은 철학자들이 **철학을 할** 때 그들이 행하는 것이 무엇인지에 관한 이야기이므로, 이 지침서에서 가장 어렵고 논쟁적인 장이다. 이것은 설명하기도 쉽지 않고 철학자들 사이에서 많은 동의를 이끌어 낼 것 같지도 않다. 이런 까닭에 당신의 교사는 그러한 견해가 자신의 교육 목표에 잘 부합하는지 여부를 판단하여 당신에게 이를 읽으라고 추천할 수도 있고 그렇게 안 할 수도 있다. 그것으로 좋다. I부가 이 지침서의 실천적인 부분이기 때문이다.

I부를 효과적으로 활용하기 위해서는 처음으로 마주치게 될 사항들과 자신의 글쓰기에서 문제라고 추측한 사항들을 확인할 목적으로 이것을 한 번 쭉 훑어보기를 권한다. 그런 후 나중에 당신이 논문을 작성하고 초

고 작성의 과정을 통해 작업을 할 때, 당신이 말하려는 사항들을 확인하기 위해 그것들을 다시 참고하고 남김 없이 점검할 수 있다(다른 점검표들은 1.1, 1.4, 그리고 1.6에서 발견할 수 있다).

당신의 교사 역시 당신이 두 가지 방식 중 하나로 이 지침서의 구체적인 부분을 참고하도록 할 것이다. 첫째, 교사는 여백에 당신의 논문이 이 책의 *ʃ*5에서 다룬 문제를 가지고 있음을 지시하는 숫자 — 예를 들어, "5" — 를 쓸 것이다. 둘째, 교사는 주제가 불명확한 에세이에서, 예를 들어 핵심어 "논제"를 씀으로써 문제가 있는 주제를 부각시킬 것이다. 그러면 당신은 이 문제에 대한 구체적인 충고와 논평을 포함한 이 지침서의 절들을 찾아보기 위해 **상호 참조된 핵심어**들이라는 표(부록 I을 보라) 속에 있는 그 핵심어를 찾아볼 수 있다.

P.2.5 글쓰기 센터를 추천하는 것에 유의할 것

대부분의 고등학교는 학생들이 대학 수준의 해설적 논문을 쓰도록 충분히 준비시키지 않는다. 학부생들은 자신의 글쓰기를 크게 개선시키기 위해 필요한 첨삭과 연습을 자주 받지 못한다. 특히 대규모 수업이라면, 교사들은 논문의 초고들을 읽을 시간을 갖지 못할 수도 있다. 그럼에도 불구하고 이 두 가지는 확실하다: (a) 당신은 당신 자신의 잘못을 모두 포착하지 못할 것이다. 또 다른 시각이 도움을 줄 것이다. 그리고 (b) 어떠한 경우에도 채점을 받기 위해 당신 논문의 첫 번째 초고가 제출되어서는 안 된다. 몇몇 학교들에는 학생들이 노련한 필자들로부터 편집하기와 글쓰기에 도움을 받을 수 있는 글쓰기 센터가 있다. 학생들은 글쓰기 센터를 방문하거나, 그렇지 않으면 필요한 충고와 격려를 얻기 위해 성공적인 필자에게 문의하는 것을 고려해야 한다.

P.2.6 어떠한 특별한 첨삭에 대해서도 계속 기록할 것

교육 과정이 끝나고 자신이 점수에 대해 항의하지 않을 것임을 알게 될 때까지는 첨삭받은 것을 버리거나 과제에 관한 특별 지시가 담긴 전자 메시지를 삭제하지 마라. 또한 교사가 당신에게 제출 기한을 연장해 주었거나 과제에 대한 지시와 기대를 변경한 내용도 확실히 저장해 두어라. 교사들은 때때로 학생들에게 제출 기한을 연장해 주었거나 원래 부과한 것과는 다른 형식의 주제 또는 접근법을 받아들이겠다고 말한 것을 잊어버린다. 당신이 자신의 입장을 증명하기 위해 **교사가 직접 쓴** 문서를 증거로 가지고 있지 않다면, 아마도 교사는 수업 규칙을 따를 필요가 없었다는 당신의 말을 받아들이려 하지 않을 것이다. 당신이 원래의 필수 조건들로부터 벗어날 수 있는 구두 허가를 받았다면, 자신이 예외임을 확인하고 이에 대한 답장을 요청하는 이메일을 보내라.

P.2.7 철학의 평가 기준들은 주관적인가 객관적인가?

어떤 사람들은, 철학자들이 항상 선다형 문제나 증명 가능한 대답을 가진 질문을 하지 않기 때문에(물론 논리학 수업은 예외이다), 철학 논문을 채점하는 것은 어쩐지 화학 실험을 채점하는 것보다 더 **주관적**일 것이라고 생각한다. 하지만 철학 논문을 쓸 때 아마도 당신은, 예를 들어, 한 철학자의 논증의 결론이 무엇인지, 한 철학자가 논증을 구성할 때 확실한 전제에 의존하는지 아닌지, 논증은 타당한지 부당한지, 어떤 전제들이 참인지 거짓인지 혹은 어떤 철학자가 동의하는지 부인하는지 혹은 또 다른 철학자의 영향을 받았는지 안 받았는지에 대한 주장을 할 것이다. 이런 모든 문제들은 '2+2=4'이고 '리스본이 포르투갈의 수도'라는 것이 둘 다 객관적 사실인 것과 마찬가지로 **객관적** 사실의 문제이다. 만일 당신이 참 아니면 거짓이라는 종류의 주장(예를 들어, "스토아의 크리시포스는 덕이 지식의 한 형태라는 소크라테스의 견해를 받아들였다")을 하였고, 당신이 주장한 것이 거짓이라면, 논문의 결점은 **객관적**인 것이지 주관적인 것이 아니다.>**1**

　나아가, 철학 논문을 채점하는 것은, (많은 표준화된 시험들에서처럼) 스캔트론 머신[스캔트론(Scantron)은 학문적 테스트에 대한 학생들의 답변을 읽을 수 있는 용지와 이러한 답변을 분석하는 기계, 설문 조사와 점수를 매기는 시스템, 학생들의 출석 관리와 이미지 기반의 자료를 다루는 소프트웨어 그리고 스캐너를 제조하고 판매하는 미국 캘리포니아 어빈에 있는 회사이다. 스캔트론을 사용하는 것이 미국 초등학교와 이차 교육 기관에 만연되어 있으며, 많은 학생들은 "스캔트론"이라는 단어를 들으면 컴퓨터가 채점하는 선다형 시험을 연상한다(Wikipedia)_옮긴이]을 통해 채점 용지를 공급하는 것이라기보다 실제로 사람이 그것을 읽기를 요구한다. 이렇게 사소하지만 명백한 의미에서, 철학 논문을 채점할 때에는 피할 수 없는 주관적 요소가 있다. 왜냐하면 인간 주체가 정보를 처리하고 점수를 부과하기 때문이다. 그러나 근본적 반응을 어느 정도 이해했는지를 결정하기 위해 인간 존재가 자료를 분석한 실험 보고서의

>1 하지만, 객관적 사실의 문제로서 하나의 주장이 참 아니면 거짓이라는 관찰로부터 모든 사람들 — 심지어 크리시포스와 소크라테스와 헬레니즘 철학에 관해 무엇인가 아는 사람들조차도 — 이 반드시 그 대답에 동의할 것이라는 사실은 도출되지 않는다는 점에 유의하라. 그것은 우리에게 그러한 주장을 옹호하거나 비판하는 타당한 근거에 관해 중요한 어떤 것을 말해 준다: 그러한 주장은 문헌적 그리고 역사적 **증거**에 의존하여 성립하거나 무너진다. 콜린 졸러(Coleen Zoller)는 철학 논문이 많은 사실적 주장들을 포함하고 있다는 사실을, 그리고 익명의 검토자는 철학자들이 때때로 사실적 주장에 대해서조차도 불일치한다는 사실을 나에게 강조해 주었다.

절을 읽어야 한다는 것을 고려해 본다면, 이는 화학 실험에서도 마찬가지이다. 그리고 인간 존재가 불완전한 증명을 얼마나 많은 편견을 가지고 신뢰하는지를 결정해야 할 때에는 수학 수업에서도 그러한 것이다. 교사들이 과제를 평가하기 위해 기준들을 적용하여 판단하는 한, 다른 학과 출신의 교사들이 어떻게 점수를 주느냐 하는 것은 중요한 차이가 아니다.

중요한 것은 교사들이 과제에 점수를 줄 때 그들의 학문적 판단을 하는지 안 하는지가 아니라, 그러한 판단에 적용되는 기준들이 **다음과 같은 의미에서** 객관적인지 아닌지에 관한 질문인 것이다.

☑ (평가) 기준들은 채점자의 기질적 느낌이라기보다 논문의 관찰 가능한 속성들에 속한 것인가?

☑ (평가) 기준들은 학생들이 무엇을 성취해야 하는지 미리 알 수 있을 만큼 공적인 것인가?

☑ (평가) 기준들은 일단 공적으로 발표된 이후 지속적인 것인가 아니면 가변적인 것인가?

당신의 글쓰기를 개선하기 위해 당신은 어떤 개선이 필요한지 알아야만 한다. 그리고 그러한 기준들이 지나치게 채점자의 특이한 기질을 드러내고 있다면, 혹은 그것들을 미리 알 수 없다면, 혹은 그것들이 한 과제에서 다른 과제로 넘어갈 때 바뀌거나 그것들의 적용이 일관되지 않다면, 당신은 그 교사의 평가로부터 유용한 어떤 것도 배울 수 없을 것이다. 서로의 기대를 조정하기 위해 이 지침서를 교사와 학생 간의 공유점으로 활용함으로써 이러한 관심들이 충족될 수 있을 것이다.

부분적으로 새로운 교육 과정을 학습하는 것은 참여자들 사이에서 성공으로 간주되는 것이 무엇인지를 학습하는 것이다. 철학 교육 과정에서 성공으로 간주되는 것이 무엇인지를 학습하기 시작하는 한 가지 방법은 이 지침서를 읽어 보는 것이다. 또 다른 방법은 교실에서의 강의와 토론에서 교사가 철학적 표현을 형성하는 것을 주의 깊게 살펴보는 것이다. 세 번째 방법은 학술지와 책에 들어 있는 탁월한 철학적인 글을 읽어 보는 것이다. 아마도 당신은 이 세 가지 모두를 다 하려고 할 것이다. 당신이 이 교육 과정에 참여할 때, 당신은 철학을 잘하기 위해 무엇을 해야만 하는지를 가리키는 지속적인 어떤 논제를 의식하게 될 것이다.

감사의 글

이 지침서에 표현된 많은 통찰들은 햄라인과 에모리 대학교에 계신 나의 선생님들로부터 힘입은 것이다. 특히 햄라인 대학교에 계신 낸시 홀란트 (Nancy Holland) 교수님과 스티븐 켈러트(Steven Kellert) 교수님이 철학과 철학적 글쓰기에 관한 나의 견해에 지속적인 자극을 주셨던 것에 감사하고 싶다. 물론 아래에 제안된 견해들에 대한 책임은 전적으로 나에게 있다. 그러나 나는 진심으로 그들의 영향에 대해 경의를 표하고자 한다. 또한 이 책의 초고를 읽고 많은 영감을 제공해 준 콜린 졸러(Coleen Zoller) 교수님과 블랙웰 출판사의 제프 딘(Jeff Dean), 그리고 익명의 검토자들에게도 감사한다.

철학 용어 해설

아래에 나오는 것은 이 책의 여러 곳에서 사용된 철학적 용어들에 대한 해설이다. 이것은 초보 학생들이 아래에 나오는 설명들을 이해하는 데 전문 용어들 때문에 장애를 겪지 않도록 하기 위해서, 그리고 상급 학생들과 교사들이 내가 철학적 전문 술어를 사용하는 몇 가지 경우들에서 무엇을 의미하고자 했는지를 알도록 하기 위해서 포함된 것이다.

아마도 해설을 제공하는 주된 목적은 학생들에게 아래에 나오는 모든 용어들이 **기예의 용어들** — 즉, 정확하고 기술적으로 사용된, 특별히 정의된 전형적인 용어들 — 이라는 사실을 경고하는 것이다. 그리고 철학자들은 보통 이러한 용어들 — 예컨대 "명제"와 "문장" — 간에는 중요한 차이가 있다고 생각한다. 따라서 당신은 철학을 읽고 쓸 때, 특히 이러한 용어들의 의미에 주목하는 것이 좋을 것이다.

논쟁의 여지가 없는, 널리 받아들여진 철학적 용어법에 대한 해설과 같은 것은 없다. 따라서 아래의 정의들은 단지 당신을 철학자들이 관례적으로 채택하는 어휘들 내에 정위시킬 목적으로만 사용된 잠정적인 것으로 간주해 달라. 내가 "정의"를 제공함으로써 말하고자 한 것은 전적으

로 다음과 같다: **철학자들은 자주 이와 같은 어떤 것을 의미하기 위해 이러한 용어들을 사용한다**… 비록 철학사전들과 백과사전들이 전적으로 철학적 용어법의 주요 용례들에 대한 비판적 개관을 제공하고 있기는 하지만 말이다.

몇몇 용어들 — 특히 논증에 속하는 용어들 — 은 이 지침서의 다른 곳에서 상세히 설명된다. 그래서 그것들을 여기에 포함시키지 않는다. 아래에 포함된 몇몇 용어들은 그것들이 문제시될 때 이 지침서에서 더 자세히 설명될 것이다.>**2**

간주관적(Intersubjective)

간주관적의 기본적 의미는 **개인들 간**이라는 것이다. 또한 철학적 맥락에서 "간주관적"이라는 용어는 개인들이 협동하고 조정하거나 혹은 사회적 사태나 실천적 필요로서 어떤 것에 동의할 수 있다는 것을 지시한다. "간주관적"은 아마도 "주관적"이라는, 보다 명백한 대안보다 "편협한"이나 "사적"이라는 용어와 가장 잘 대조될 것이다.

개념(Concept)

철학자들은 개념을 사물에 대한 정신적인 그림으로 생각했지만, 아마도 그것은 우리 뇌 속에 있는 뉴런의 패턴으로 판명될 것이다. **개념**은 사고의 기본적 소재이다. 사람은 **개와 리트리버**〔사냥개의 한 종_옮긴이〕의 개념을 가지고, **그 개가 리트리버이다**라는 사고를 한다.

개념적 능력(Conceptual competence)

사람은, 만일 (그 또는 그녀가) 개념을 올바르게 사용한다는 것을 보

>2   나는 블랙웰 출판사에서 일하는 익명의 검토자들 가운데 한 사람에게 감사한다. 그는 용어 해설, 특히 언어와 마음에 속하는 표제어들에 관해 중요한 비판과 제안을 제공해 주었다.

여 주는 방식으로 행동한다면, **개념적 능력**을 증명하는 셈이다. 숫자 6
이 초록이라고 분명하게 진술하는 사람은 "6", "초록", 혹은 두 개념
모두에 관해 개념적 능력을 결여한 것이다.

객관적(Objective)

객관적이라는 것은 철학에서 일반적으로 마음과 독립적인 사물(보통
속성이나 사실)을 기술하기 위해 사용된다. **객관적**인 것은 보통 **주관적**
인 것과 대조된다. 사실, 가치, 혹은 탐구에 있어 객관적인 것이 무엇
인가라는 물음은 열띤 논쟁거리이다. 이와 관련하여 중요한 형이상학
적 문제들에 연루되지 않은 채 남아 있으려고 시도하는 한 가지 용례
에서는, 어떤 것이 공적이고, 경험적 그리고/또는 실험적 테스트에 수
정될 수 있으며, 비판에 대해 합리적으로 반응하는 한, 그것은 **객관적**
인 것이라고 주장한다.

규범적(Normative)

만일 어떤 것이 무엇이 옳은지를 지배하는 규칙에 속한다면, 그것은
규범적인 것이다. **좋은/나쁜, 정당화된/정당화되지 않는, 합리적인/비합리**
적인 등과 같은 규범적 용어들은 어떤 기준을 충족시키는 데 성공했는
지 실패했는지를 지시하는 평가적 용어들이다.

논리(학)(Logic)

논리(학)는 올바른 추리에 대한 연구이다. 그것은 의미론(아래를 보라)
이라는 분야와 밀접하게 연관되어 있다.

논리적 귀결(Logical consequence)

논리적 귀결에 대한 표준적 정의는 (다소 단순하게 말하자면) 다음과
같다. 만일 한 문장 — 그것을 "C"라고 부른다 — 이 다른 문장 — 그
것을 "P"라고 부른다 — 이 참일 때마다 그리고 오직 그럴 때에만 참이
라면, "C"는 "P"의 논리적 귀결이다. 그때 우리는 C가 P로부터 **논리적**

으로 도출된다고 말한다.

단어(Word)

개념이 사고의 구성 요소인 것처럼, **단어**는 문장의 구성 요소이다. 우리가 지닌 대부분의 개념은 단어에 의해 명명될 수 있지만, 아마도 모든 개념이 그러한 것은 아닐 것이다. 그리고 몇몇 단어들 — 예를 들어 "이피(Yippie)!〔기뻐서 지르는 소리_옮긴이〕" — 은 그것과 연관된 개념을 가지지 않을 수도 있다.

명제(Proposition)

명제는 문장에 의해 표현된 것이다. 어떤 이들은 명제란 참 또는 거짓이 될 수 있는 종류의 사물이고, 참된 문장은 참된 명제를 표현한 문장일 뿐이라고 생각한다. 명제는 사고와 마찬가지로 가능한 사태를 그려낸다. 다양한 언어들 속의 다양한 문장들은 같은 명제를 표현할 것이다. 영어의 "Snow is white", 프랑스어의 "La neige est blanche", 독일어의 "Schnee ist weiß"는 모두 **눈이 희다**라는 명제를 표현한다.

문장(Sentence)

문장은 문법적으로 올바른 일련의 단어들이다. 사물이 세계 속에 어떻게 위치하는지에 속한 문장은 명제의 언어적 표현이다. 문장의 다양한 유형 — 예를 들어 "나는 …을 약속한다"와 같은 것 — 이 많이 있다. 그러나 철학자들은 보통 사실을 진술하는 문장들 — 평서문 — 에 관심을 가진다.

믿음(Belief)

믿음은 인지적 동의이다. 즉 그것은 명제를 참이라고 받아들이거나 시인하는 태도이다.

발화(Utterance)

발화는 말로, 문자로, 혹은 몸짓으로 문장을 표현한 것이다.

보장(Warrant)

참된 명제를 믿는 사람이, 만일 (그 또는 그녀가) 정당한 근거 때문에 믿는 것이 아니라면 혹은 정당한 방식으로 믿음을 형성하지 않는다면, 보통은 그 명제를 안다고 여겨지지 않는다. 또한 한 사람이, 만일 (그 또는 그녀가) 그것을 알고 있다면, "정당한 근거"와 "정당한 방식"에 의해 지시된 규범적 요소는 그 사람이 참된 명제를 믿는 것에 대한 **보장**을 가진 것으로서 지시된다. 많은 철학자들이 **정당화와 보장**을 구별하지 않지만(아래에서 **정당화된**, **참된 믿음**으로서 해설된 지식을 보라), 일부 철학자들은 그것들을 구별한다.

사고(Thought)

보통 우리는 **어떤 것**에 대한 사고 혹은 **어떤 것이 그러한 경우**에 대한 사고에 관해 말한다. 명제와 마찬가지로 사고는 가능한 사태를 서술한다: 예를 들면, **고양이가 담요 위에 있다**. 아마도 사고와 명제는 같은 것이겠지만, 일반적으로 사고는 정신적인 것이고 명제는 언어적인 것으로 여겨진다. 따라서 만일 (**어떠한**) 언어로(도) 충분히 표현되지 않는 사고가 있다면, 사고와 명제는 동일한 것이 아니다.

언어(Language)

철학에서 **언어**라는 용어는 **형식적** 또는 **자연적** 언어의 둘 중 하나를 지시한다. 영어나 파르시어(중세 페르시아 방언)는 자연적 언어이다. 형식적 언어는 수학적 논리학자들과 몇몇 언어학자들이 연구하는 종류의 언어이다. 형식적 언어는 기호(이름과 같은 것)와 이러한 기호들을 결합하는 규칙(구문론적 규칙)으로 구성된다. 형식적 언어는 기호 더미로부터 형성될 수 있는 모든 "문법적" 문장들의 완전한 집합이다. 형식적 언어는 일반적으로 자연적 언어(의 일부)를 모형화하기 위해 구축된다.

윤리학(Ethics)

윤리학은 덕, 의무, 인간 복지, 그리고 일반적으로 인간 행위(그것의 동기와 결과를 포함하여)의 옳고 그름을 평가하는 모든 것들에 대한 연구이다. 철학자들은 "윤리적"과 "도덕적"을 상호 교환 가능한 것으로 사용하는 경향이 있다. 그래서, 예를 들어, "윤리적 책임"과 "도덕적 책임"은 일반적으로 같은 것을 지시한다.

의미론(Semantics)

의미론은 의미가 어떻게 단어와 문장에 덧붙여지는가를 연구하는 것인데, 여기서 한 문장의 진리 조건과 문장들 간의 논리적 관계가 일반적으로 중요한 역할을 한다. "의미론적"이라는 용어는 미국식 영어에서 종종 경멸적인 의미로 사용된다. "의미론을 논한다"고 말하는 것은, 만일 누군가가 문제시되는 것을 말하기보다 단어에 관해 트집을 잡을 경우, 이를 비난하는 말이다. 철학과 논리학에서 "의미론적"은 이와는 완전히 다른 어떤 것을 의미한다.

인식론(Epistemology)

인식론은 지식에 대한 연구이다. 심리학과 인지 과학은 신뢰할 만한 지각, 올바른 믿음의 형성, 그리고 정당한 행위를 설명하고자 하는 인식론의 중요한 부분이다. 보통 지식론에는 중요한 규범적 구성 요소가 있다고 생각된다. 즉, 그것은 사람이 어떤 믿음을 주장할 때 **정당화**되거나 **보장**을 받을 수 있는 조건들이다.

정당화(Justification)

정당화는 (그 또는 그녀가) 어떤 것을 믿거나 행하는 것이 옳다고 믿을 경우 사람이 가지게 되는 속성이다. 한 사람은 만일 신뢰할 만한 과정을 통해 그 믿음을 형성하거나, 그것을 믿을 만한 충분한 근거를 가지거나, 훌륭한 권위에 근거해서 그것을 믿을 때 정당화될 수 있다. "정당화된 믿음"은 사람이 그것을 주장할 때 정당화될 수 있는 믿음이다.

존재론(Ontology)

존재론은 존재하는 것에 대한 연구 혹은 아마도 어떤 것이 **존재한다**(혹은 존재하지 않는다)고 말하는 것이 무엇을 의미하는지에 대한 연구라고 말하는 것이 더 좋을 것이다. 존재론의 한 가지 중요한 문제는 다음과 같다. "한 이론이 참된 것이 되기 위해서는 어떤 종류의 대상들이 존재해야 하는가?"

주관적(Subjective)

주관적인 것은 **객관적**인 것과 대조되고 누군가의 마음 상태에 의해 존재하는 사물(보통 사실 혹은 속성)을 나타낸다. 보통 철학자들은 경험(특히 지각)과 사고를 **주관적**인 것이라고 말한다. 다른 한편으로 **주관성**은 일반적으로 한 개인의 **주체로서** — 행동과 책임을 질 수 있고 "작인"이라고 부를 수 있다는 의미에서 — 의 지위, 혹은 주관적이어서 일부 철학자들이 단순히 "의식"이라고 지칭하는 사물에 대한 한 개인의 경험을 지시한다.

주장(Assertion)

사람은 (그 또는 그녀가) 명제를 진술하기 위해 문장을 사용할 때 **주장**을 한다. **주장**은 발화의 한 유형이다.

지식(Knowledge)

지식을 정의하는 것은 **인식론**이라고 불리는 철학적 분과의 과제이다. 지식에 대해 가장 흔하게 해설된 정의는 다음과 같다: 그것이 **참**이고 그것을 주장할 때 누군가 **정당화**되는 **믿음**.

진리 조건(Truth conditions)

한 문장의 **진리 조건**은 그 문장이 참이 되기 위해 세계 속에서 반드시 유지되어야 하는 사태이다. "눈이 희다"라는 문장의 진리 조건은 단순

히 얼어붙은 H_2O의 결정체가 빛의 파장을 반드시 균등하게 반사해야
한다는 것이다.

진술(Statement)

진술은 표현된 문장이다.

참(Truth)

철학에서 가장 논쟁적인 용어들 가운데 하나인 **참**은 오직 다음과 같은
경우(다음과 같은 선택지들을 언급한다)에 속한 문장의 속성이다: (a)
그 문장이 사실을 진술한다. (b) 그 문장의 증거가 있다. 혹은 (c) 그
문장이 세계의 어떤 부분에 대한 올바른 상(picture) 혹은 그렇지 않다
면 적절한 상인 명제를 진술한다.

탐구(Inquiry)

탐구는 문제를 해결하는 데 인간의 지성을 사용하는 것이다. 그것은 열
린 마음, 자유로운 참여, 생동감 있는 토의, 열정적인 비판, 실험, 관
찰, 그리고 분석이다.

합리성(Rationality)

합리성이란 행동 혹은 사고 방식의 과정을 위한 충분한 정당화를 가지
는 것을 최우선 목적으로 삼고서 문제에 접근하는 능력이다. 합리성을
실천하는 사람은 전형적으로 올바른 추리(즉 논리적 논증)와 공적으
로 활용 가능한 증거(경험적 증거가 이에 대한 최선의 사례이다)에 관
여한다. 만일 한 사람의 행위 혹은 사고가 합리성을 성공적으로 실천
한 결과라면, 그것은 합리적인 것이다.

형이상학(Metaphysics)

형이상학은 실재에 대한 연구이다. 따라서 그것은 (우리가 보통 **과학**이
라고 부르는) 자연에 대한 연구보다는 넓은 것이고, (우리가 보통 **존재
론**이라고 부르는) 존재에 대한 연구보다는 협소한 것이다.

I부

철학 글쓰기

1. 철학 논문 쓰기

1.1 철학 논문은 무엇을 성취해야 하는가?

철학 논문 쓰기의 핵심은, 당신이 읽었던 텍스트에 제시된 문제들에 관해 신중하게 사고했다는 것을 글쓰기에서 증명하고, 이러한 문제들 가운데 하나에 속한 논증을 만드는 것이다. 당신이 보다 신중하게 다음과 같이 한다면, 논문은 더 나아질 것이다.

- ☑ 텍스트를 읽고, 또 읽는다.
- ☑ 저자의 주장들을 통해 사고한다.
- ☑ 이러한 주장들을 위해 제안된 논증들을 통해 사고한다.
- ☑ 당신이 당신의 논문에서 만들기를 원하는 논증을 통해 사고한다. 그리고
- ☑ 당신의 글쓰기가 모호하지 않으면서 사고의 표현을 촉진하도록 하기 위해 당신의 논문을 정교하게 다듬는다.

당신의 과제는 다음과 같은 논문을 쓰는 것이다.

☑ 명확하게 진술된 논제와 명확하게 정의된 구조를 가진다.
☑ 흥미 있는 논증을 만들거나 텍스트에 대한 정확한 해석을 발전시킨다.
☑ 충분하고 적절한 인용에 의해 지지된다.
☑ 인용의 의미와 당신의 논증에 대한 그것의 중요성을 설명한다. 그리고
☑ 문법적인 혹은 인쇄상의 어떠한 잘못도 포함하지 않는다.

논문에 대한 교사의 평가는 보통 이러한 요구 사항들에 초점을 맞춘다.

1.2 주제 선택하기

철학 교사들은 종종 학생들이 그들의 논문 주제를 선택하도록 허락한다. 이는 모든 학생들에게 균등한 기쁨을 주는 것은 아니다. 왜냐하면 모든 학생들이 균등하게 그 수업과 읽을거리들에 매혹된 것은 아니기 때문이다. 그것으로 좋다. 철학은 어렵고 흔히 모호하다. 그리고 합리적이고 반성적인 사람이 되기 위해서 반드시 철학을 해야 할 필요는 없다.[1] 또한 그 수업과 읽을거리들이 매혹적이라는 것을 발견한다고 하더라도, 이는 그들에게 혼란을 줄 수도 있다. 이러한 학생들은 과제로 다루기에는 너무 야심찬 주제를 선정하는 위험을 무릅쓴다. 따라서 나는 이러한 두 부류의 학생들에게 별도의 충고를 제안하도록 하겠다.

---

[1] 교과 과정으로서의 철학은, 비록 그것이 많은 논쟁을 위한 용어와 기준을 설정하는 데 상당한 시장 지배력을 행사하면서 빈번하게 우수한 결과물을 제공하고 있지만, 관념의 시장에서 독점성을 가지는 것은 아니다.

1.2.1 매력적인 주제를 발견하지 못한 학생들

첫째, 흥미 있는 쓸거리를 발견하는 데 어려움을 겪는 학생들은 그들의 교사에게 어떤 암시를 요청하라는 좋은 충고를 받을 수 있다. 교사들은 자주 학생들에게 철학 밖에서의 그들의 관심이 무엇인지를 묻는다. 이 정보는 학생들이 선택한 연구 영역에 공역할 만한 주제들에 관해 교사들이 생각하는 것을 돕는다. 만일 당신의 철학 교사가 당신을 감동시키는 어떠한 것도 암시하지 않는다면, 당신이 전공하려고 하는 학과의 누군가에게, 만일 그들이 당신의 철학 교과 과정을 밟고 있다면, 흥미로울 것 같은 주제들에 관해 물어보라.

당신은 짜릿한 주제를 발견할 수 없을지도 모른다. 그럴 경우 당신은 단지 좋은 논문을 만드는 데 도움이 될 만한 주제를 받아들여야 한다. 여기서, 수업 중에 주목했던 것이 도움이 된다. 왜냐하면 교사들은 자주 당신이 읽고 있는 텍스트에서 가장 흥미롭고 혼란스러운 것이 무엇인지를 말해 주기 때문이나. 때때로 그들은 강의 도중에 심지어 다음과 같이 말하기도 한다: "만일 당신이 이러저러한 것으로부터 어떤 이해를 얻는다면, 그것은 훌륭한 논문이 될 것이다." 만일 수업 중에 암시적인 어떠한 것도 언급되지 않았다면, 교사에게 기말 시험에 나올 만한 가치가 있을 것 같은 질문에 대해 암시해 줄 것을 요청해 보라. 그러한 질문에 교사는 자신이 생각하기에 어렵고 흥미롭다고 생각하는 문제를 제시해 줄 것이다. 만일 당신이 당신의 논문에서 그러한 질문을 언급한다면, 당신은 텍스트와 근본적 개념들과 논증들에 대한 당신의 이해를 증명할 좋은 기회를 가지는 셈이다.

만일 그 밖의 다른 모든 것이 실패한다면, 수업 중에 특별히 똑똑한 동료에게 다가가서, 당신의 곤경을 전하고, 아이디어를 구하라. 아마도 당신의 동료는 주제 A와 주제 B에 관한 글쓰기를 고려했지만, 결국 주제 A에 관해 쓰려고 결정했을 것이다. 만일 다음과 같은 세 가지 조건들에 부합한다면, 당신은 당신 동료의 계획 B에 관해 쓸 수 있다. 첫째, (만일 그 또는 그녀가 그것을 다른 논문을 위한 아이디어로 사용하려고 했을지도 모르기 때문에) 당신은 반드시 그것을 사용하기 위한 허락을 구해야 한다. 둘째, 만일 허락을 받았다면, 당신은 반드시 논문 도입부의 어딘가에 주석으로써 능력 있는 동료 아무개 씨가 친절하게도 그 주제를 제안해 주었다는 것에 감사해야 한다. 셋째, 당신은 반드시 그 **주제** — 그것은 상대적으로 하나의 일반적인 문장으로 진술될 수 있을 것이다 — 만을 사용해야 한다. 당신 자신이 독창적으로 기여하지 않은 어떠한 논증, (연구) 조사, 글쓰기도 사용해서는 안 된다. 만일 그 자료가 승인된다면, 아이디어를 빌리는 것은 표절이 아니다. 그러나 그 아이디어에 대한 표현과 전개는 전적으로 당신 자신의 것이어야만 한다.[2] 만일 이러한 세 가지 조건들이 충족된다면, 그 논문은 책임 있고 독창적인 학술적 작업을 위한 기준에 부합하는 것이다. 그럼에도 불구하고 교사들과 학교들 간의 정책이 다양하기 때문에 당신은 이러한 계획을 수행하기 전에 먼저 당신의 계획에 대한 승인을 구하는 것이 현명하다.

1.2.2 매력적인 주제를 발견한 학생들

이미 철학이 시간을 보낼 수 있는 가장 흥미로운 것이라고 생각하는 학생들 역시 아이디어를 생성하는 것 때문이 아니라, 좋은 논문이 될 수 있는 주제에 초점을 맞추는 것 때문에 어려움을 겪는다. 논문은 보통 어떤

---

[2]   표절과 그것을 피하는 방법에 대한 더 나아간 설명을 위해서는 6장을 보라.

제약하에서 쓰게 된다. 당신은 논문 제출 기한까지 일정 기간을 가지게 될 것이다. 당신은 당신의 논증을 발전시킬 어떤 쪽수와 어떤 수의 단어만을 가질 수 있을 것이다. 10쪽짜리 논문을 위한 좋은 주제가 5쪽짜리 논문에서는 끔찍한 것일 수 있다. 그리고 한 달간 생각하고 쓸 수 있는 시간이 주어진다면 당신의 지적 범위 내에서 훌륭한 주제가 될 만한 것도 단지 며칠의 시간만 주어지면 당신의 능력을 넘어설 수 있다.

제약의 문제를 다루는 최선의 방법은 당신이 만들기 원하는 논증을 확인하고, 그러한 환경하에서 당신이 그것의 어떤 부분을 발전시킬 수 있고 옹호할 수 있느냐를 결정하는 것이다. 당신 논문의 목적은 **한 논증의 어떤 부분을 옹호하는 것**일 것이다. 그것은 한번에 보다 폭넓고 야심찬 논증으로 나아가도록 하는 것은 아닐 것이다. 해명해야 할 논증의 어떤 부분을 선택할 때, 보다 폭넓은 논증의 가장 문제시되는 측면을 반론하는 것을 고려하라. 아마도 당신의 독자가 받아들이기 가장 어려워 할, 보다 폭넓은 논증 속에 들어 있는 전제와 추론에 초점을 맞추어라. 보다 폭넓은 논증과 이 분리된 부분이 어떻게 들어맞는지를 설명하라. 독자에게 당신이 성취하려고 의도한 것이 무엇인지를 말해 줌으로써, 그 또는 그녀가 당신의 작품으로부터 무엇을 기대할 수 있을지를 알게 하라.

저자가 어떤 관련된 문제들과 논증들이 "당면한 논문의 범위를 넘어서기 때문에" 그것들을 다룰 수 없다고 진술하는 것은 흔한 일이다. 이것은 자주 있는 합법적인 양해이다. 그러나 당신은 벌레가 든 캔을 개봉하고 나서, 독자에게 그것을 다루는 것은 당신의 논문이 다루려는 범위 밖이라고 말해서는 안 된다. 당신은 어떤 **관련된** 문제들을 다루는 것을 거부할 수도 있을 것이다. 하지만 당신이 당신의 논제가 최소한 이치에 닿거나 사소한 개연성이라도 갖도록 하기 위해서는 어떤 개념들을 설명하고 어떤 추론들을 옹호할지를 설명해야 할 것이다. 당신은 당신의 당면한

논증을 구성하는 그러한 본질적 구성 요소를 깔개 밑으로 쓸어버려서는
안 된다.

1.2.3 보충적인 독서가 당신 논문의 일차적 초점이 되어서는 안 된다

열심히 공부하는 학생들은 추가적인 독서를 자주 한다. 이것은 흔히 자
기계발적이고 생산적인 실천이지만, 이 역시 위험이 있다. 첫째, 그것은
당신이 텍스트 전체에 대한 훌륭한 파악을 하기도 전에 당신의 주의가
미숙하게 텍스트의 한 측면에 초점을 맞추도록 한다. 둘째, 그것은 오직
전문가들만이 사용하기에 적절할 수 있는, 알아들을 수 없는 전문 술어
를 선택하도록 한다.[3]

추가적인 독서에 의해 산만해지는 것이 아니라 도움을 받기를 원하는
학생들은 그들의 논문을 작성하는 동안 보충적인 텍스트에 주목하지 않
거나 그것을 보지 않는 것이 더 나을 수 있다. 만일 당신이 그것에 주목
한다면, 그러한 주의가 어떻게든 당신 논문 속에 병합되어야 할 중요한
어떤 것으로 생각되는 것은 너무나 손쉬운 일이다. 하지만 만일 당신의
추가적인 독서가 당신의 독서와 주요 텍스트 속의 논증들에 대한 당신의
이해를 단지 풍부하게 만든다고 생각한다면, 그것은 사실이 아니다. 물
론, 당신의 논문에서 이차 자료가 당신이 자신의 논증을 통해 사고하는
것을 도와준 부분을 인정하는 것은 적절하다.[4]

---

[3] 물론 난해한 전문 술어를 학습하는 것은 그 학과의 일원이 되는 한 단계이다. 그러나
우선 우리는 텍스트들을 읽고, 논증들을 학습하고, 논쟁의 역사적 맥락을 학습하고,
그리고 오직 그런 후에야 언어적 속기를 사용하는 특권을 획득하는 것이다. 환상적인
용어를 사용하는 것보다 설명을 제공하는 것이 거의 언제나 더 낫다. 내가 5등급 단어
[어려운 단어_옮긴이]라고 부르는 것을 사용하는 것에 관한 더 나아간 논의를 위해서
는 ∮ 25를 보라.

1.2.4 철학적 분석을 위한 더 나은 목표와 더 나쁜 목표에 관해

철학적 분석을 위한 주제를 선택할 때, 그 논증과 채택된 용어들에 대한
비판적 검사에 의해 수정이 가능한 어떤 목표에 초점을 맞추는 것이 중
요하다. 예를 들어, 러브 노트를 철학적으로 분석하는 것은 (대부분의 학
술적 논문의 목적을 위한) 무척이나 이상한 전략일 것이다. 자, 성과 사
랑을 연구하는 철학의 하위 분야가 있고, 그래서 아마 그것을 논의할 장
소가 결국 있다고 치자. 그러나 추측건대 러브 노트의 저자는 자신의(그
또는 그녀의) 진술들을 정당화하거나 다분히 축자적 의미를 구하거나,
혹은 개념들을 일관되게 채택하거나 정합적인 개념을 채택하려는 어떠
한 의도도 가지고 있지 않을 것이다. (만일 하나의 결론이 있다면) 그것
의 결론이 그것의 전제들로부터 논리적으로 도출되지 않는다거나 채택
된 개념들이 부정합적이라는 것을 보여 주는 것은 마치 수동 착암기를
가지고 하프시코드를 연주하는 것과 같을 것이다. 보통 과제를 할 때 당
신이 목표로 하는 텍스트는 당신을 위해 교사가 선택한 것이다. 그러나
만일 당신이 당신의 목표를 선택할 수 있다면, 나는 당신이 합리적으로
옹호**되어야 할** 문화적 작품들(예를 들어, 책, 이론 또는 학설)에 초점을
맞추라고 추천하고 싶다.

　학생들이 정치적 수사에 대해 **철학적** 조사에 착수할 때 그들은 바로 이
와 동일한 이유들 때문에 신중해야 한다. 때때로 정치적 수사는 합리적
설득을 의도하는 것이 아니라, 오히려 정서들을 불러일으키거나(예를 들
어, 대중이 어떤 부정의에 주목하도록 함으로써) 행동을 선동하려는(예
를 들어, 대중으로 하여금 그 부정의를 조치하도록 함으로써) 의도를 가

>4　이차 자료의 활용에 관한 더 나아간 논의를 위해 ∮ 45를 보라. 그리고 이차 자료의 올
　　바른 출처 표기를 위해 ∮ 41을 보라.

진다. 아리스토텔레스는 『니코마코스 윤리학(*Nicomachean Ethics*)』에서
정치적 담화는 합법적으로 자신의 합리적 능력뿐만 아니라 자신의 정서
적 그리고 의지적 능력에 관여하는 것을 지향한다고 주장했다(1984c:
II.3.1104b4-1105a17).>5

　나아가, 아리스토텔레스는 정치적 그리고 법적 수사는 합리적이고 정
서적인 설득을 모두 목적으로 삼는다고 가르쳤다: "수사(학)는 결정을
제공하는 데 영향을 끼치기 위해 존재한다 — 청중은 하나의 정치적 화
자와 또 다른 정치적 화자 사이에서 결정한다. 그리고 하나의 법적 판결
은 결정이다. 연사는 자신의 연설의 논증이 증명적이고 믿을 만한 가치가
있는 것으로 만들려고 애써야 할 뿐만 아니라, 자신의 성격이 올바르게
보이도록 하여 판결을 내리는 청중이 올바른 마음의 틀 속으로 들어가도
록 만들어야만 한다(1984d: II.1.1377b21-25)." 말하자면, 연사가 주장
을 형성할 때 그 또는 그녀는 동시에 공감과 확신을 형성하는 것이다.

　당신이 설득적 수사에 직면할 때 비판적 태도는 언제나 적절한 것인
반면에, 추론된 견해의 형식으로 제시된 수사의 설득력을 논리적으로 조
사하는 것은 단지 교훈을 얻기 위한 것 이상이 될 수 없다. 이는 철학자
들이 정치적 수사에 유일하게 관여하는 것이 논증을 평가하는 것임을 의
미하려는 것이 아니다. 철학자들 역시 우리의 정서, 행동, 그리고 사고에

>5　아리스토텔레스(384-322 BC)는 알렉산더 대왕의 가정교사로서 봉사하고, 그 자신의
　　철학적 학파를 설립하기 전까지 플라톤의 아카데메이아의 일원이었다. 아리스토텔레
　　스의 윤리학은 엄청난 영향력을 지속적으로 끼쳤다. 그가 형식 논리학을 발명하고 광
　　범위한 관찰에 기초한 이론들, 특히 생물학에 관한 이론들을 최초로 정립한 자연 철학
　　자들 중의 한 사람이라고 말하는 것은 정당하다. 학생들은 고대 철학, 형이상학, 그리
　　고 윤리학에 관한 교과 과정들 속에서 아리스토텔레스의 저작을 읽게 되는 것을 기대
　　할 수 있다. 또한 아리스토텔레스는 전적으로 그 자신의 저작들만을 위해 개설된 학부
　　의 교과목을 보장할 만큼 충분히 중요하다고 여겨지는 극소수의 철학자들 중 한 사람
　　이다.

영향을 끼치기 위해서 단어 혹은 이미지로 표현된 개념들이 활용되는(종종 이로 인해 변형되는) 방식을 연구한다. 하지만 이러한 종류의 연구 계획은 형식적으로 논리적이고 분석적이라기보다 기술적이고 현상적이다. 이러한 방법론적 차이는 적절한 것이다. 왜냐하면 당신이 연구하는 수사의 종류와 당신이 그것을 제시한 (철학적) 조사의 종류 사이에는 약간의 **적합성**이 있어야만 하기 때문이다. 철학적 조사는 우선적으로 개념들과 논증들 — 우리가 세계에 관해 이론화하기 위해 사용하는 용어들과 그러한 이론들을 지지하기 위해 제공하는 정당화들 — 에 관심을 갖기 때문에, 만일 당신이 정치적 수사와 표현된 정책들을 근거 지우는 철학적 참여들에 초점을 맞춘다면, 당신은 흥미로운 철학 논문을 쓸 수 있는 훨씬 더 나은 기회를 가지게 된다. 왜냐하면 정치적 수사를 근거 지우는 참여들이 합리적으로 정교화되고, 따라서 합리적 조사에 의해 보다 수정 가능한 것이 될 수 있는 더 좋은 기회를 가지기 때문이다.

정치적 수사를 비판하는 한 가지 흔한 방식은 어떤 정책들을 위해 제공된 근거들 산의 모순을 지적하는 것이다. 고려할 세 가지 경우들이 있다. 첫째, 만일 **한 정책**이 자기-모순적이라면, 우리는 그것이 잘못이라는 것을 안다. 왜냐하면 그것은 그것의 참여들 속에서 둘 다 참이 될 수 없는 두 명제를 포함하기 때문이다. 하지만 정치가들조차도 보통 단일한 주제, 적어도 단일한 폭 속에 있는 주제에 관해 자기-모순을 피할 수 있기 때문에 정치적 수사에 대한 비평은 거의 절대로 이런 형식을 취하지 않는다. 둘째, 만일 **두 정책**이 비일관적이라면, 우리는 적어도 둘 중 하나가 잘못된 것이라는 것을 안다. 만일 정책 A가 정책 B와 일관되지 못하다면, A는 B 속에 함축된 어떤 문장(들)과 함께 참이 될 수 없는 어떤 문장(들)을 포함한다. 예를 들어, 만일 테러리즘과 사형에 관한 부시 대통령(George W. Bush)의 정책들이 낙태와 줄기 세포 연구에 관한 그의 정

책들을 지지하는 생명 윤리 — 피터 싱어(Peter Singer)가 최근에 주장한
것(Peter Singer, 2004)과 유사하다>**6** — 의 의무와 일관되지 못하다면,
이는 그러한 경우이다. 그러나 만일 우리가 아는 모든 것이 두 이론이 둘
다 함께 참이 될 수 없다는 것이라면, 우리가 아는 것은 거의 없다는 점
에 주목하라: 우리는 적어도 이론들 중 하나가 거짓이라는 것을 알지만,
그것이 어느 쪽인지는 모른다. 그리고 비일관성을 증명할 때, 문제시되
는 개념들을 설명하거나, 철학자들의 관심을 주로 끄는 그 자체로는 별
개인 참여들을 반드시 평가할 필요는 없다. 셋째, 만일 **한 사람**이 두 이론
이 비일관적이라는 것을 해명한다면, 우리는 그 이론들이 둘 다 함께 참
이 될 수 없다는 것을 아는 것과 더불어, 그 또는 그녀가 제출한 정보가
잘못된 것이기 때문에 그 사람을 신뢰할 수 없다고 생각하는 것이 당연
하다. 그러나 우리는 그러한 자료에 이의를 제기함으로써 문제시되는 개
념들 또는 참여들에 관해 과연 무엇을 배우는가?

어떤 사람이 자신의 상대방이 그 또는 그녀를 논박했다는 것을 보여
주는 논증적 전략은 **사람에 대한 논증**(*argumentum ad hominem*—an
argument against the person)이다.>**7** 하지만 이 경우에도 보통 그러한 논
증으로부터 획득되는, 철학적 관심을 가질 만한 것은 없다. 한 가지 예를
고려해 보라. 모든 인간은 죽을 수밖에 없고, 내가 인간이라는 것을 주장
하면서, 그리고 그럼에도 불구하고 나는 죽지 않는다고 주장한다고 가정
해 보라. 상대방은 내가 채택한 결론이 내가 받아들인 전제들과 함께 참

>6   특히 제3장을 보라. 나는 싱어의 저서를 비일관성을 진단하는 하나의 예로서 언급했
     을 뿐, 그것을 비평하거나 추천하려는 것은 아니다.
>7   사람에 대한(*Ad hominem*) 논증들은 자주 오류적이다. 하지만 다른 사람들이 한 사람
     의 진술을 개연적으로 참인 것으로 받아들여야만 하는 가운데 그 또는 그녀에 대한 신
     뢰성이 두드러지는 대화의 상황에서 그것들은 적합하다. 어떤 전문가의 목격에 대한
     증언이 그 전문가가 한 달 전 다른 재판에서 일관성 없는 증언을 했기 때문에 배제되

이 될 수 없기 때문에 내가 바보라는 것을 지적할 수 있다. 하지만 내가 바보라는 것을 보여 주는 것은 내가 한 어떤 진술이 참이고 어떤 진술이 거짓인지를 보여 주는 데에는 도움을 주지 않는다. 그것은 어떠한 개념도 어떠한 추론도 설명하지 않는다.

비일관성을 진단하는 것은 비판적 사고의 가치 있는 연습이다. 아마도 그것은 누군가가 제공하는 설명이 논리적으로 또는 개념적으로 부적절하여 우리의 합리적 동의를 구하는 데 실패했다는 것을 인지하는 첫 번째 단계일 것이다. 그럼에도 불구하고 철학적으로 사고할 때 비판적 사고의 근본적인 역할, 즉 철학을 **하는** 것은 논리적 사정(查定) 이상의 것과 관계한다. 그것은 또한 관련된 개념들의 설명과 발전, 그리고 관련된 문제들에 대한 보다 나은 이해를 정당화하려는 노력을 요구한다.

1.2.5 문제를 논의하는 논문

어떤 문제나 텍스트를 **논의하면서** 시작하는 논문은 이미 나쁜 출발에서 벗어나 있는 것이다. 이를 고려해 보라: 당신은 당신이 언제 논문을 마치게 될지 어떻게 아는가? 만일 논문이 명확한 논제와 전략을 가지고 있다면, 당신은 당신의 마지막 전략에 대한 최종적 단계를 수행했을 때 당신

어야 한다고 논증하는 변호사를 고려해 보라. 이 논증은 그 전문가의 현재의 증언이 거짓이라는 것을 보여 주지 않는다. 다만 그 전문가의 증언을 판사가 사실을 발견하기 위한 불안정한 토대로 여길 만큼, 법정이 그를 믿을 수 없는 목격자로 여길 좋은 이유가 있다는 것을 보여 줄 뿐이다. 전문가의 증언이 믿을 만한 것으로 간주되는 것이 증언의 전제 조건인데, 전문가의 목격이 신뢰할 수 없는 것으로 간주되고 있기 때문에, 전문가의 증언을 배제하기 위해 사람에 대한 논증을 제공하는 것은 설득력이 있다. 일반적으로 사람에 대한 논증의 적합성을 옹호하지만 좁은 제한을 두고 있는 월튼(Walton) 책 (1998)의 280쪽과 비일관적 참여들을 공격하는 것에 관한 220-1쪽을 보라.

이 끝마쳤다는 것을 알게 된다. 보통 필자(또는 독자!)가 지루해졌을 때 혹은 필자가 지면이 다했을 때 논의들은 결론지어진다.

한 논의의 생성과 논증의 종결을 알리는 몇 가지 징후가 있다. 첫째, 만일 당신이 노동 가치설을 위한 마르크스의 논증을 설명하면서 "마르크스는 **또한** 다음과 같이 생각했다…"라고 쓰고 있는 자신을 발견한다면, 바로 거기에서 멈추어라. 왜 당신은 마르크스가 생각한 **다른** 것들이 당신의 논문에서 논의될 가치가 있다고 생각하는가? 만일 이 다른 것들이 노동 가치설을 위한 마르크스 논증의 일부이거나 아니면 이를 해명하고 있다면, 그것들을 설명하는 것은 전적으로 당신의 전략에 속할 것이다. 하지만 당신이 마르크스의 텍스트에 나온 구절들 또는 그의 철학적 측면들이 중요하다고 생각하기 때문에, 혹은 당신이 우연히 그것들을 이해하였기 때문에, 혹은 당신이 그것들에 관하여 말할 통찰력 있는 어떤 것을 가지고 있기 때문에, 그것들을 단순히 논의하고 싶은 유혹에는 저항해야 한다.

논의하고 있는 것이 차고 논증이 기우는 또 다른 징후는 다음과 같다: "마르크스는 다음과 같이 **계속 논증하였다**…" 다시 거기에서 멈추어라. 아마도 마르크스는 당신이 논의했던 마지막 논증을 한 이후에도 많은 것을 계속하여 논증하였을 것이다. 그러나 그것들을 논의하는 것이 당신의 논제를 발전시키는가? 어떤 논증을 제시하는 데 있어 연속된 진행과 그 논제의 진리를 위한 논리적 논증을 혼동하지 마라. 당신은 당신의 논제를 합리적으로 확신시키기 위해 당신이 제안한 방식으로 독자가 이해해야만 하는 텍스트 속의 모든 구절들과 오직 그러한 구절들만을 논의해야 한다. 때때로 이것은 어떤 철학자의 이론에 관한 당신의 논증이 저 특정 이론을 위해 저자가 기획한 그러한 구절들에만 제한될 것이라는 것을 의미한다. 하지만 훌륭한 통찰은 자주 한 철학자의 겉보기에는 연관이 없는 사상적 측면이 실제로 당신 논문의 주된 초점이 되는 이론에 관한 저작들과 어떻게 통합되고 있는지를 고려해 봄으로써 획득될 수 있다. 따라서 당신은 당신의 논제를 발전시킬 때 협소한 마음을 가져서는 안 된다. 그러나 일단 당신이 발전시키고 옹호할 논제를 확인했다면, 당신의 논문은 그 목표를 따라 좁게 제단되어야 한다.

1.3 초고를 통해 나아가기

당신이 시작하는 데 어려움을 겪고 있다면, 어쨌든 글쓰기를 시작하라. 나는 운동하고 샤워하는 것 이외에 실제로 글을 쓰는 것보다 저자의 장애물을 극복할 수 있는 더 나은 치유책을 알지 못한다. 당신은 불가피하게 당신이 무엇을 쓰든 형편없다고 생각할 것이고, 또한 그렇게 생각할 만한 이유가 있을 것이다. 그것으로 좋다 — 그것을 모두 멀리 던져 버려라. 논지는 과정 속으로 들어가는 것이고, 창조적 불꽃이 날아다니도록 내버려 두는 것이다. 나는 보통 내가 쓴 각 논문에서 재난 같은 시작을 적어도 한 번은 겪어야만 했다. 그것을 정신적 청소의 과정으로 생각하라: 표면상의 난잡함과 혼란은 새롭게 출현할 가치 있는 표현들을 위해 청소되어야만 한다. 일단 당신이 정화(catharsis)를 위한 기회를 가졌다면, 당신의 모든 책들을 치우고, 심지어 당신이 좋다면 산책을 하고 나서, 스스로에게 물어보라: "내가 이 논문에서 무엇을 말하고자 하는가?" 그 질문에 몇몇 문장으로 대답할 수 있을 때, 비로소 당신은 진지하게 글쓰기를 시작할 준비가 된 것이다.

　당신이 텍스트를 주의 깊게 읽고 또 읽지 않았거나, 논증을 신중하게 계획하지도 않고 당신 논문의 최초의 초고를 쓴다면, 그것은 당신이 당신의 두 번째 노력을 두 번째 "초고"라고 생각하게 되는 달갑지 않은 일이 될 것이다. 특히 논문이 발전의 초기 단계에 있을 때에는 실질적으로 논문 전체를 다시 쓰지 않고서는 충분히 치유될 수 없는 하나 이상의 실수를 포함하고 있을 가능성이 높다. 이전의 노력을 포기하라는 것은 비효율적으로 들릴 것이다. 그러나 대개 흠집 때문에 글을 다시 쓰는 것은 보다 정합적인 논문을 생산한다. 가장 큰 노력의 낭비는 그 지면들이 이미 쓰여 있기 때문에 그것들을 구제하려다가, 결국 몇 시간 동안 그 구절들 언저리를 질질 끈 후에, 더 이상 그 논문이 단일하고 명확한 전략을 따르지 못한다는 것을 깨닫는 것이다. 일단 당신이 당신의 논증을 해결했다면, 당신은 얼마나 효율적으로 논문을 작성할 수 있는지에 놀랄 것이다.

다른 한편, 당신이 당신의 첫 번째 초고에서 논증을 확정했다면, 필요한 것은 단지, 예를 들어, 어떤 텍스트에 대한 당신의 해석을 위해 추가적인 텍스트의 근거를 덧붙이거나, 추가적인 사실 혹은 사례들을 가지고 당신의 전제들을 보강하거나, 당신의 추리를 보다 신중하게 표현하는 것뿐이다. 그러면 뒤이은 초고는 일반적으로 두 번째 초고와 연관된, 글을 정련하고 다듬는 종류의 일에 관여하게 될 것이다. 바꾸어 말하자면, 만일 당신의 첫 번째 초고가 철학 논문으로서 자격을 갖추었다면, 두 번째 초고를 작성하는 것은 의미가 있다. 반면에, 만일 당신의 초고가 실제로 정화, 청소, 혹은 브레인스토밍이라면, 명확한 논제와 잘 벼른 전략을 가지고 흠집으로부터 새롭게 출발하는 것이 훨씬 더 사려 깊은 것이다.

1.4 필요한 유일한 개요는 계획한 논증에 대한 스케치이다

당신 논문의 구조는 당신이 의도한 논증에 의해 결정된다. 따라서 당신 논문의 개요는 단지 그 논증에 대한 개관이다. 당신은 다음의 질문들에 대답함으로써 그러한 개관을 구축할 수 있다.

☑ 당신이 입증하기를 원하는 결론은 무엇인가?

☑ 당신의 결론이 도출되는 전제들은 무엇인가?

☑ 당신은 그러한 전제들로부터 당신의 결론이 도출되는 것을 어떻게 보여 줄 예정인가?

☑ 당신은 당신의 전제들이 참이라는 것을 어떻게 보여 줄 예정인가?

때때로, 당신 생각에, 부과된 텍스트들에서 인용하고 설명하는 것이 필수적인 구절들을 따라가는 것은 도움이 된다. 당신은 그렇게 함으로써 인용된 구절이 당신 논문에서 어떤 기능을 하는지를 추적해 보라. 그리고 당신 논증의 어떤 것이 인용된 구절의 존재와 의미에 의존하는 것이 아니라면, 그것은 당신 논문에서 인용될 가치가 없는 것임을 명심하라. 심지어 어떤 책의 가장 심오한 구절도, 만일 그것의 해명이 당신의 논증을 발전시키지 않는다면, 당신의 논문에서는 인용될 가치가 없는 것이다.

1.5 주요 덕목: 논리적 엄격성과 표현의 명석함

나는 어디선가 철학자 존 설(John Searle)[8]이 "만일 당신이 어떤 생각을 명확하게 표현할 수 없다면, 당신은 그것을 소유하는 데 실패한 것"이라고 말했다는 것을 들었다. 그리고 그것이 과장된 것일 뿐만 아니라 출처가 의심스러운 것일지라도, 그 논지는 만일 당신이 어떤 생각을 명확하게 표현할 수 없다면, **그 밖에 그 누구도** 당신이 그것을 가졌다고 **말할 수**

>8 설(Searle)은 캘리포니아 버클리 대학교의 심리 및 언어 철학 분야의 밀즈 프로페서(Mills Professor)이다. 최근의 그의 연구는 의식을 설명하는 데 초점을 맞추고 있다.

없다는 것이다. 당신은 당신이 그 자료에 관해 주의 깊게 생각했고 철학적 논의에 흥미로운 기여를 했다는 것을 교사에게 증명하기 위해 논문을 쓰고 있기 때문에, 만일 당신이 명확하게 쓰지 않는다면 그 또는 그녀는 이를 식별할 수 없을 것이다. 만일 당신이 심오한 것을 시도해 볼 계획이라면, 독자는 당신의 의미를 파악할 수 있어야만 한다. 모호함은 그 자체로 대가를 치른다.

명확하게 그리고 논리적으로 글을 쓴다는 것은 때때로 어려운 일이다. 예를 들어 나는 학부생으로서 철학사의 주제를 다루면서 프랑스의 철학자 쟈크 데리다(Jacques Derrida)[9]와 독일의 철학자이자 문예비평가인 발터 벤자민(Walter Benjamin)[10]에 관한 논제를 쓴 적이 있다. 이러한 인물들은 대륙의 철학적 전통에 속하며, 진흙만큼이나 불명확한 것으로 악명이 높다. 내가 나의 논제를 다루는 위원회의 한 교수에게 초고를 준 후에, 그 교수는 나에게 다음과 같이 말하였다: "나는 이것을 이해할 수 없다. 보자, 나는 대륙 철학에 상당히 친숙하고 이것을 내 수업 시간에 가르친다. 그래서 당신이 써 온 어떤 것을 내가 이해할 수 없다면, 그 문

또한 그는 언어 철학, 특히 "언어 행위론(speech act theory)"이라고 불리는 일상 언어 철학의 발전에 기여하였다. 그의 출판물은 그의 웹사이트: 〈http://ist-socrates.berkeley.edu/~jsearle/〉에서 찾아볼 수 있다.

[9] 쟈크 데리다(1930-2004)는 프랑스와 미국의 몇몇 대학들에서 가르쳤던 알제리 태생의 프랑스 철학자이다. 그는 가장 논쟁적이고 모호한 최근의 철학자들 중 한 사람이고, 하이데거의 철학, 현상학, 그리고 "해체(deconstruction)"와 연관된 철학자이다. 그의 출판물 목록은 〈http://www.hydra.umn.edu/derrida/jdind.html〉에서 찾아볼 수 있다.

[10] 발터 벤자민(1892-1940)은 철학자이면서 주로 독일 문학을 연구한 학자이다. 그는 근대 문화의 비합리적이고 자기-파괴적 경향에 관심을 가진 학제적 학자들의 집단인 프랑크푸르트학파의 비판 이론과 자주 연관된다. 그의 저작들의 목록은 〈http://www.wbenjamin.org/wbrs-biblio.html#I〉에서 찾아볼 수 있다.

제는 당신의 표현과 관계된 것이지, 그것을 이해하는 나의 능력과 관계된 것은 아니다. 만일 당신 논제의 최종적 버전이 단지 내가 이해할 수 없는 어떤 것을 포함하고 있다면, 그것은 통과되지 않을 것이다." 나는 곤경에 빠진 나 자신을 추스른 후에, 전체 논제를 다시 썼고, 감사하게도 그것은 통과되었다. 비록 그것은 냉정한 것이었다고 할지라도 나는 그 말을 들을 필요가 있었기 때문에 이 경고를 결코 잊을 수 없다. 그리고 지금 내가 그러하듯이 그때 나는 그것에 동의해야만 했다. 당신이 높은 수준의 교육을 받았고, 광범위하게 독서했으며, 학생들과의 상호 작용을 풍부하게 하기 위한 강한 바람을 지닌, 지적으로 호기심 넘치는 사람들을 위해 글을 쓰고 있다는 것을 기억하라. 그러나 당신의 표현이 불명확하고 당신의 논증이 모호하다면, 당신은 이러한 상호 작용이 발생할 수 있는 바로 그 가능성을 근절시킨 것이다.

　당신은 당신의 교사에게 그것을 제출하는 대신에 당신 대학에 있는 보다 다양한 교수들에게 그것을 읽어 줄 것처럼 글쓰기를 하는 것이 도움이 된다는 것을 알게 될 것이다. 이들은 똑똑하고 전문적인 청중이다. 하지만 그들은 (a) 어떠한 전문 술어도 (b) 당신이 논의하는 텍스트들의 지적인 맥락도 (c) 당신이 하고자 하는 논증의 가치도 이해할 것 같지 않은 사람들이다. 이때 당신은 당신의 용어들을 정의하고, 모든 인용들을 설명하고, 모든 추론들을 정당화하고, 당신 논증의 결론을 정확히 진술해야만 할 것이다. 때때로 당신은 당신 논문의 초고들을 급우들에게, 친구들에게, 혹은 가족 구성원들에게 보여 주거나 읽어 줌으로써 이러한 청중을 자극할 수 있다.

1.6 문제를 일찍 발견하기 위한 점검표

☑ 당신은 (a) 교사가 과제로서 설정한 필수 조건들을 충족시키고, (b) 주요 자료 텍스트들과 수업에서 다룬 문제들에 대한 당신의 파악을 증명할 수 있는 주제를 선택하였는가?

☑ 당신은 당신 논문의 핵심이 무엇인지를 세 문장 혹은 그 이하로 정확히 진술할 수 있는가?

☑ 당신은 당신의 입장이 당신이 일반적으로 동의하는 철학자들의 입장들과 어떻게 일치하는지를 구체적으로 설명할 수 있는가?

☑ 당신은 당신의 입장이 당신이 일반적으로 동의하지 않는 철학자들의 입장들과 구체적으로 어디에서 다른지를 설명할 수 있는가?

☑ 당신은 현안 문제(들)에 관한 당신의 견해가 당신이 비판하고 있는 견해보다 왜 선호될 만한 것인지를 설명할 수 있는가?

☑ 당신은 당신이 비판하고 있는 견해를 지적인 사람이 주장할 수 있는 합리적 견해처럼 들리도록 설명할 수 있는가?

☑ 당신은 당신이 비판하고 있는 견해가 비록 틀렸을지라도 그것이 왜 언급되었어야 할 만큼 중요한 것인지를 이해하고 있는가?

☑ 당신은 당신의 공헌이 당신의 논문이 기여하는 논쟁에서 옳다면, 그것이 어떤 영향력을 가져야만 하는지를 진술할 수 있는가?

2. 철학적 글쓰기는 논증을 가지고
논제를 발전시킨다

2.1 논증 정복하기

✎ 1 논증이란 무엇인가?

철학자들이 논증에 관해 말할 때, 그들은 불일치에 관해 말하고 있는 것이 아니다. 만일 당신이 누군가에게 **논증을 하고** 있다면, 아마도 당신들두 사람은 갈등을 야기하는 어떤 문제에 관해 다른 견해를 가지고 있을것이다. 논증을 하는 과정에서 당신은 상대방에게 **논증을 만들어** 보일 수있다. 당신이 논증을 만들 때, 당신은 당신의 견해가 좋은 근거들로부터따라 나온다고 주장하는 것이다.

누군가 당신과 상대방이 말한 모든 것을 적고 있는 중이라고 상상해보라. 자, 당신이 그 전사본을 통독했을 때, 한 문장은 당신의 견해를 지지하는 근거를 진술하고 나머지 다른 문장은 당신의 견해를 진술하는, 두 개의 연속적인 문장들을 발견했다고 상상해 보라. 이 두 부분으로 이루어진 문장들의 집합이 논증이다.

하나의 논증은 두 부분으로 구성된다: 전제와 결론.[1] 근거들 혹은 지지를 제공하는 진술들은 전제이다. 전제는 더 나아간 어떤 진술, 즉 결론을 참으로 받아들이는 근거를 제공한다. 보통 적어도 하나의 전제가 있어야만 한다.[2] 논증마다 오직 하나의 결론만 있을 수 있다. 논증에는 두 가지 주요 종류가 있다: **연역**(deductive)**과 귀납**(inductive).

연역 논증

철학자들은 그들이 연구하고 생산한 것을 **연역 논증**으로 제시하는 경향이 있다. 연역 논증에서 전제는 결론을 위한 결정적 지지를 제공해야만 한다. 이에 성공한 논증은 연역적으로 **타당한** 논증이라고 불린다. 논증은 전제들이 참인 경우 결론이 반드시 참이 되고 그리고 오직 그럴 때에만 연역적으로 타당하다. 전제들이 반드시 참이어야만 하는 것은 아니라는 점에 주목하라. 그러나 만일 그것들이 참이라면, 결론이 거짓인 것은 불가능하다. 다음의 예를 고려하라.

전제 1: 모든 사람은 죽어야 할 운명이다.

전제 2: 소크라테스는 사람이다.

---

[1] 기술적으로 논증은 하나의 전제(그런데 결론이 논리적으로 타당한 문장인 공리의 경우에는 전제가 없다)를 가질 수 있다. 그럼에도 불구하고 대부분의 논증이 하나 이상의 전제들을 가지고 있다. 설명의 편의를 위해 전제를 복수형으로 논의하겠다[우리말의 경우 반드시 필요한 경우가 아니라면 복수형 표현을 남발하는 것이 어색한 경우가 많다. 따라서 이 번역서에서는 문맥에 따라 복수형이 반드시 필요한 경우가 아니라면, 전제를 단수형으로 표현한다_옮긴이].

[2] 복합적인 논증은 때때로 다른 논증들의 결론들을 전제로서 포함한다. 이러한 결론들은 "논의가 쭉 진행되어져" 최종적 결론에 이르는 것으로 증명되므로 자주 "중간 결론(intermediate conclusions)"이라고 불린다. 그러나 그것들은 여전히 분리된 논증의 하나의 결론이다.

결론: 따라서, 소크라테스는 죽어야 할 운명이다.

두 전제의 참을 유지하면서 그럼에도 결론의 참을 부인하는 것은 비일관적이다. 결론을 부인하는 것은, 소크라테스가 죽어야 할 운명이 아니라고 주장하면서 소크라테스가 사람이라고 말하는 두 번째 전제를 긍정하는 것이다. 따라서 **적어도 죽어야 할 운명이 아닌** 한 사람, 즉 소크라테스가 있는 것이다. 하지만 첫 번째 전제는 모든 사람이 죽어야 할 운명이고, 여기에는 (두 번째 전제에 의하여) 소크라테스가 반드시 포함되어야만 한다. 만일 **모든 사람**이 죽어야 할 운명이라면, 죽어야 할 운명이 아닌 어떤 사람(소크라테스)은 있을 수 없다. 따라서 누구라도 일관되게 두 전제들을 긍정하면서 결론을 부인할 수 없다. **이것이** 우리가 연역적으로 타당한 논증이라고 부르는 것이다.

귀납 논증

한편, 귀납 논증에서 전제는 결론을 위한 **얼마간의** 지지 — 그러나 결정적 지지는 아니다 — 를 제공한다. 결론이 전제로부터 필연적으로 도출되는 연역 논증과 반대로, 귀납 논증은 결론이 어떤 정도의 **개연성**을 가지고 전제로부터 도출되는 논증이다. 귀납 논증은 강할 수도 약할 수도 있다. 참된 전제를 가진 귀납적으로 강한 논증은 **설득력 있는** 귀납 논증이다.

전제는 결론을 지지한다

논증의 전제와 결론 간의 관계에 관하여 마음을 두어야 할 가장 중요한 일반적 사항은 전제가 결론을 위한 지지를 제공한다는 것이다. 논리학의 정통적 견해는 이러한 지지의 관계를 **진리**의 관점에서 설명한다: 좋은 논증은 변함없이 우리를 참된 진술로부터 다른 참된 진술로 이끌어 준다. 연역적으로 타당한 논증은 참된 전제로부터 **타당하게 추론된**>3 한 진술이 **반드시** 참이라고 하는 점에서 **진리 보존적**(truth preserving)이다. 귀납 논증은 참된 전제로부터 **설득력 있게** 추론된 한 진술이 매우 그럴듯한 참이라고 하는 점에서 **진리 촉진적**(truth promoting)이다.

한 "논증"은 얼마나 나쁠 수 있는 것이고, 그것은 여전히 논증으로 간주될 수 있는가?

당신은 문장들의 한 집합이 어떻게 하나의 논증을 구성하는지를 구별할 수 있는가? 우리가 귀납 논증에 관해 말할 수 있는 유일한 것이, **얼마나 많이** 지지하는지에 관한 언급 없이 전제가 결론을 위한 **얼마간의** 지지를 제공하는 것뿐이라면, 거의 임의의 모든 문장들의 집합을 논증으로 취급할 위험이 있을 것 같다. 다음의 문장들의 집합이 하나의 논증인지를 고려해 보라:

(가정된 전제) (1) 스미스는 셔츠를 입고 있다.
(가정된 결론) (2) 스미스는 파란 셔츠를 입고 있다.

스미스가 소유하고 입고 있는 셔츠의 80퍼센트가 파란 셔츠라고 가정한

>3 논증을 기술하는 두 가지 대안적 방식들 간에는 약간의 긴장이 있다. 첫 번째 방식은 논증을 전제가 결론과 어떤 관계성을 가지는 문장들의 집합으로 기술한다. 즉 전제가 참일 때마다 결론 역시 참이어야만 한다. 두 번째 방식은 논증을 사람들이 올바르게 추리할 때 만들 수 있는 어떤 종류의 사물로 기술한다. 거기에서는 오로지 결론을 주장할 때 정당화된 근거 때문에 전제를 주장할 때 정당화되는 어떤 사람이 있을 때, 결론은 전제로부터 타당하게 추론된 것이다. 첫 번째 방식은 추론에 관해 말할 필요가 없다. 왜냐하면 타당성은 한 문장에서 다른 문장에로 이행하는 추리의 속성이라기보다 문장들의 집합의 속성이기 때문이다. 몇몇 철학자들은 이를 논리(학)의 정적인 개념과 동적인 개념 간의 차이라고 부른다. 특히 샤피로(Shapiro, 1997)의 제6장을 보라.

다면, 그리고 만일 그가 셔츠를 입고 있다면, 그는 파란 셔츠를 입을 것이라는 점이 매우 그럼직하다. 그러나 만일 당신이 이전에 스미스를 만난 적이 없고 그의 옷장 안의 내용물에 대해 아무것도 모르면서, 마찬가지로 그의 습관적 의상 양식에 대해 무지한 다른 누군가에게 (2)를 지지하기 위해 (1)을 제안한다면, 이때 당신이 **논증**을 만들었다고 생각하는 것은 그 용어(논증)에 대한 오용일 것이다. 당신은 (1)을 주장함으로써 (2)가 참이라는 것을 받아들일 좋은 근거를 제안하려고 했던 것은 아닐 것이다.

이 문제에 대한 한 가지 반응은 화자가 그 문장들이 논증으로 해석되기를 **의도했음**에 틀림없다고 말하는 것이다. 그러나 한 문장이 또 다른 문장을 위한 지지를 제공하는지 여부는 **화자가** 한 진술이 또 다른 진술을 위한 지지를 제공하려고 **의도하는지**와 무관하기 때문에, 이 반응은 성공할 가망이 없다. 또 다른 선택지는, 만일 **청중이** 한 문장이 또 다른 문장을 지지한다고 **생각한다면**, 두 문장은 논증을 구성한다고 말하는 것이다. 그러나 청중이 생각하는 것은, 화자가 의도하는 것과 마찬가지로, 전제가 실제로 결론을 위한 지지를 제공하는지 여부에 관한 질문과 무관하다.

문제는 스미스가 셔츠를 입고 있다는 사실이, **우리가 스미스의 옷 입는 습관에 관한 몇 가지 추가적인 사실을 알고 있을 때에만**, 스미스가 파란 셔츠를 입고 있다는 결론을 위한 지지를 제공한다는 것이다. 한 문장은 그 자체로 설명을 구성하지 않으면서도 설명을 위한 구성 요소가 될 수 있다. 그리고 마찬가지로 한 문장은 그 자체로 결론을 위한 지지를 구성하지 않으면서도 결론을 위한 지지의 어떤 구성 요소가 될 수 있다. 당면한 사례에서 만일 누군가가 (1) **스미스가 셔츠를 입고 있고**, (1.5) **스미스가 입고 있는 셔츠의 80퍼센트가 파란 셔츠**라는 추가적인 정보를 제안한다면, (1)과 (1.5)가 함께 (2) **스미스가 파란 셔츠를 입고 있다**는 결론을 믿기 위한 지지를 제공하는 것이기 때문에 우리는 논증을 가질 것이다.

누군가는, 만일 스미스가 전혀 아무것도 입고 있지 않다면 파란색을 입고 있는 것이 불가능하다는 바로 그 사실을 고려할 때, "(1) 따라서 (2)"가 논증이라고 말하는 것은 그 용어에 대한 오용이다라고 말하는 것에 동의하지 않을 것이다. 그래서 이러한 논의에 따르면, 만일 누군가가 (1) **스미스가 셔츠를 입고 있다**는 것을 안다면, 그가 옷을 입었는지 안 입었는지에 관해 모르는 것보다 (2) **스미스가 파란 셔츠를 입고 있다고 믿는** 것을 다소 더 정당화시켜 줄 것이다. 하지만 이러한 반대는 너무 많은 것을 증명한다. 왜냐하면, 만일 스미스가 존재하지 않는다면, 그가 파란 셔츠를 입고 있는 것이 불가능하기 때문이다. 그러므로 이러한 추리 선상에서 (3) **스미스가 존재한다**는 것을 제안하는 것은, (2) **스미스가 파란 셔츠를 입고 있는** 것을 믿기 위한 것과는 또 다른 정당화를 제공하려는 것 같다.

나에게는 **스미스가 존재한다. 따라서 스미스가 파란 셔츠를 입고 있다**는 제안을 논증이라고 말하는 것이 우스꽝스럽다. 스미스가 존재한다는 것을 아는 것은 스미스가 어떤 속성들을 가지고 있다는 것을 생각하기 위한 근거이지, 그가 파란 셔츠를 입고 있다는 특정한 속성을 가지고 있다는 것을 생각하기 위한 근거는 아니다. 다음의 유사한 사례를 고려해 보라. 만일 우리가 네스호의 괴물(Loch Ness Monster)이 초록인지 아닌지를 입증하려고 한다면, 우리는 먼저 네스호의 괴물이 있는지 없는지부터 조사하기를 원할 것이다. 하지만 우리가 그렇게 하는 것은, 그것이 초록인지 아닌지에 대한 증거일 것이기 때문이 아니라, 우리가 그것의 빛깔에 관한 증거를 찾는 시간을 낭비하지 않게 해 주리라는 것을 확신시켜 주기 때문이다.

"[전제], 따라서 [결론]"이 논증으로서의 자격을 갖추기 위해 한 전제가 결론에 얼마나 많은 지지를 제공해야만 하는지를 결정하는 데 어떠한 진전이라도 한다는 것은 너무나 어려운 일이기 때문에 추상적으로 **무엇이 무엇을 위한 정당화인가**에 관해 말하는 것은 큰 의미가 없다. 탐구의 방법에 의존하고 주제를 연구할 때, 어떤 믿음의 정당화에 어떤 사실들은 관련될 것이고 다른 사실들은 관련되지 않을 것이다. 따라서 나는 "이 문장들은 논증을 구성하는가?"라는 것은, 결론이 어떤 종류의 진술이고 무엇이 탐구의 구체적 양식의 맥락 속에서 그것을 받아들이기 위한 정당화로 간주될 수 있는지를 의식하면서 질문되어야 한다고 생각한다. 나는 다음 절에서 "주장 가능한 질문"을 논의할 때, 이 질문으로 되돌아가고자 한다.

철학자들은 어떤 종류의 논증을 만드는 경향이 있는가?

철학자들은 빈번하게 연역 논증을 만든다. 결론을 위한 결정적 지지를 제공하기 위해 어떤 전제가 제안될 수 있는지를 스케치하는 것은 결론이 참이 되기 위한 수단이 무엇인지를 해명하기 위한 우리의 최선의 도구들 중 하나이다. 하지만 연역 논증을 만드는 것은 자주 그것이 어떤 입장을 옹호하고자 할 때보다 그것을 설명하고 비판하는 데 보다 탁월한 역할을 한다. 따라서 당신이 당신의 논문에서 어떤 견해를 설명하고 비판하기보다 그것을 제안하고 옹호하려는 목적을 가지는 정도에 따라, 당신은 연역 논증보다 귀납 논증을 만드는 데 당신 노력의 대부분을 소비하게 될 것이다. 예를 들어, 나의 학위 논문에서 주요 논증은 이와 같은 것이었다:

(1) 만일 논리적 귀결에 대한 타르스키(Tarski)의 설명이 적절한 것이라면, 그것은 타당한 추리를 설명해야만 한다.
(2) 그러나 그것은 그렇지 않다.
(3) 따라서, 논리적 귀결에 대한 타르스키의 설명은 부적절하다.

이는 단순한, 연역적으로 타당한 논증이다. 하지만 저 논증은 진술된 세 줄을 사용할 뿐이고, (나의) 학위 논문은 230쪽짜리이다. 나는 왜 귀찮게 저 많은 잉크를 엎질렀단 말인가?

대답은 나의 전제가 참이라는 것을 설득하기 위해 내가 할 수 있는 가능한 최선의 설득력 있는 사례를 만들어야만 했기 때문이다. 그러한 사례를 만드는 과정에서 나는 많은 연역적 논증들을 만들었다. 그러나 내가 나의 결론이 참이라는 증거를 제공했다고 말하는 것은 부정확할 것이다. 내가 제안한 논증들에 대해 내가 최대한 주장할 수 있는 것은 (만일 그것들이 작동한다면) 그것들이 나의 주요 전제들을 위한 지지를 제공하는 결론들을 증명한다는 것이다. 나는 전제 (1)과 (2)가 둘 다 참이라고 생각할 수 있는 좋은 근거를 제공하기 위해 내가 생각할 수 있는 (그리고 다른 사람들이 생각했던 것에 기초하여) 가장 좋은 논증들을 만들었다. 더 나아가 논리적 이론을 위한 내 입장의 장점들과 내 생각에는 잘못된 방향으로 가고 있는 대안적 견해들의 단점들을 보여 주려고 노력하였다. 따라서 나는 철학과 학생들이 자신들을, 의심할 여지가 없는 명제들을 가지고 시작하여 참된 기하학적 방식으로 필연적 귀결을 연역하는 지적인 유클리드(Euclid)가 아니라, 그들이 모을 수 있는 증거나 논증이 무엇이든지 이것들로부터 그들의 견해를 위한 최선의 사례를 기꺼이 꿰매어 고치려고 하는 합리적 탐구의 참여자로 생각하는 것이 좋다고 본다.

✒ 2 철학자의 논증을 어떻게 인지할 수 있는가?

한 철학자의 논증을 인지하는 첫 번째 단계는 당신이 읽고 있는 구절들 속에서 전개되고 있는 **논제**를 확인하는 것이다. 철학자들은 어떤 진술들이 참이라고 생각하기 때문에 논문과 책을 쓰는 경향이 있다. 이러한 진

술들은 철학자들의 연구의 결과물들이다. 그것들은 저자가 독자로 하여
금 그 텍스트로부터 얻기를 원하는 통찰들이다. 철학적 텍스트들은 보통
많은 국지적 논제들 — 저자가 전체적 논제를 지지하기 위해 만든 많은
논증들의 결론들 — 뿐만 아니라 하나의 전체적 논제 — 전체로서의 텍
스트가 증명하기로 되어 있는 진술 — 를 가지고 있다. 당신은 논증에서
어떤 구절의 역할을 발견하기 위해 그것을 여러 번 읽을 수 있다. 그러나
일단 당신이 저자가 주로 증명하려고 시도하는 진술을 발견했다면, 당신
은 저자의 전체적 논제를 발견한 것이다.

다음 단계는 만일 그것이 옳다면, 그 논제를 위한 지지를 제공하는 전
제/결론을 찾으려고 시도해야 한다. 몇몇 현대의 저자들은 우리에게 그
들의 전제가 무엇인지를 말해 줄 정도로, 그리고 그것들로부터 결론이
왜 도출되는지를 설명해 줄 만큼 충분히 친절하다. 아, 그러나 안타깝게
도 이것은 일반적인 경우가 아니다. 그것은 독자에게 보다 많은 일을 시
킨다. 저자가 만든 논증을 발견하는 좋은 방법은 다음과 같이 물어보는
것이다:

☑ 저자는 내가 이 결론을 받아들이게 하기 위해 어떤 근거를 주었는가?

또한 다른 질문들을 활용하면서 논증을 찾는 것이 필수적일 수 있다. 당
신은 역시 다음과 같이 물어볼 수 있다:

☑ 저자는 왜 결론을 받아들이는가?

혹은

☑ 저자의 어떤 다른 참여들이 그 또는 그녀(저자)에게 결론을 받아들일 권리를 주었는가?

알렉 피셔(Alec Fisher, 2004 : 22)는 그가 "주장 가능한 질문(assertibility question)"이라고 부르는 것을 물어볼 것을 제안한다:

☑ 어떤 논증 혹은 증거가 그 결론을 주장할 때 나를 정당화해 줄 것인가(나는 그것을 주장할 때 정당화되기 위해 무엇을 알아야만 혹은 믿어야만 하는가)?

이러한 질문들은 저자의 결론을 위한 **한** 논증이 어떻게 보여야만 하는가에 관해 생각하기 위해 질문을 하는 데 도움이 된다.

하지만 자신의 텍스트에서 **저자가 독자에게 보여 준 논증** 혹은 **저자 스스로 받아들인 논증**은, 그 결론을 받아들일 때 정당화되기 위해 **당신이 알아야만 하거나 믿어야만 하는 것**과 다를 수 있다. 어떤 명제를 믿을 때 정당화되기 위해서 무엇이 소용이 있는지에 관한 당신의 생각은 때때로 저자의 생각과 다를 수 있다. 만일 당신이 저자의 논증이 무엇인지를 발견하려고 한다면, 당신은 저자가 그 결론을 위해 그 또는 그녀가 할 수 있는 최선의 논증을 만들지 않았을 수도 있다는 사실에 주목해야만 한다. 이러한 차이점에 주목하는 것은 엄청난 장점이다. 왜냐하면 저자의 논증을 설명하고, 그런 후에 동일한 결론을 위한 어떤 다른 논증이 더 나을 수 있다는 것을 설명하는 것이 한 편의 탁월한 철학 논문을 만들 수 있기 때문이다. 그럼에도 불구하고 만일 당신이 저자의 결론에 대한 믿음을 정당화해 주는 것이 무엇인지를 질문한다면, 그리고 그런 후에 이를 마음에 두고 저자의 텍스트를 다시 읽는다면, 아마도 당신은 저자가 그 또는 그녀의 결론을 지지하기 위해 제공했던 그러한 고려들을 확인할 수 있을 것이다.

✒ 3 자비의 원리

당신이 한 저자의 논증을 재구성할 때, 텍스트에 의해 지지될 수 있는 가장 강한 논증을 그 또는 그녀에게 귀속시키려고 노력하라. 당신은 정확하게 읽고 해석할 필요가 있지만, 또한 자비롭게 읽고 해석할 필요가 있다. 극도로 영민한 사람들이 당신이 읽을 다양한 텍스트들을 썼다. 따라서 당신은 그 텍스트를 존중해야 하고 당신이 인용을 하면서 그 철학자에게 귀속시킬 견해를 지지해야 하는 반면에, 만일 당신 생각에 당신이 발견한 그 논증이 **명백히** 부당하다거나 혹은 **당혹스럽게도** 나쁘다면 아마도 그것은 저자의 논증이 결국 아닐 것이다.

철학에서, 우리는 한 철학자의 입장을 조사하기 위해 그것을 재구성한다. 또한 우리는 보통 그것을 비판한다. 그러나 만일 당신이 저자가 실제로 만든 논증을 고려하고 있지 않다면, 당신의 조사와 비평은 부적절할 것이다. 실제로 아무도 옹호하지 않는 약한 입장을 반박하느라고 허수아비를 세우고[4] 그것을 쓰러뜨리는 데 시간을 낭비하지 마라. 더욱이 만일 당신의 상대방이 당신의 분석에 관해 관심을 갖기를 원한다면, 당신은 그 또는 그녀의 입장을 보여 주어야 한다. 실제로, 당신은 그 입장을 적어도 상대방만큼 잘 이해하고 있다는 것을 보여 주어야 한다. 만일 당신

---

[4] 한 사람이 어떤 논증을 보다 쉽게 불신하기 위해 그것의 한 측면을 잘못 특징지을 때, 그 또는 그녀는 "허수아비"의 오류를 범했다고 이야기한다. 왜냐하면 허수아비가 (새들에게는) 실제 사람처럼 보이듯이, 잘못 특징지은 그 입장은 실제의 입장인 것처럼 보일 뿐이기 때문이다.

이 그들 입장의 장점들을 보여 줄 수 없다면, 사람들은 일반적으로 그 비평을 수용하지 않는다.

> 사람은 다른 편이 말하고 있는 것을 완전히 이해하는 동시에 이것에 철저히 불일치할 수 있다. 그러나 만일 당신이 그들에게 그들이 어떻게 그것을 보는지를 정말 파악했다는 것을 확신시킬 수 없다면, 아마도 당신은 그들에게 당신의 견해를 설명할 수 없을 것이다. 일단 당신이 그들을 위해 그들의 사례를 만들었다면, 그들의 제안 속에서 발견한 문제들로 되돌아오라. 만일 당신이 그 사례를 그들이 할 수 있는 것보다 더 나은 상황에 두고서 그것을 반박한다면, 당신은 그것의 장점들에 관한 건설적인 대화를 할 기회를 극대화하고, 당신이 그들을 오해했다고 그들이 믿을 기회를 극소화한 것이다(Fisher, Ury, and Patton 1991 : 35).

만일 당신 논문의 입장이 당신의 견해를 가지고서 상대방의 견해에 비판적으로 관여하는 것이라면, 당신은 정당하게 그리고 정확하게 상대방의 견해를 재구성할 때에만 성공할 수 있을 것이다.

당신이 텍스트가 지지하는 최선의 논증을 재구성하는 것을 목적으로 삼아야 하는 또 다른 이유는, 당신과 같은 철학자들은 자주 그들 생각에 결함이 있는 이론들 또는 개념들로부터 중요한 통찰들을 추려 내기 때문이다. 때때로 한 철학자가 전개한 개념은 당신으로 하여금 오래된 문제 — 마음은 단지 뇌이다. 또는 현존은 속성이 아니다. 또는 쾌락은 선의 본질이 아니다 — 를 새로운 입장에서 고려하도록 할 수 있다. 비록 누군가가 그 또는 그녀의 통찰을 지지하기 위해 그 철학자가 제공한 논증을 가지고 그 쟁점을 다루었다고 할지라도 말이다. 신중하게 한 철학자의 논증을 재구성하는 활동은 자주 우리로 하여금 사고하는 자가 어디에서 잘못을 범하고 있는지를 알게끔 — 결점 있는 추론, 불확실한 전제, 혹은 부적당한 개념을 진단하는 것 — 해 준다. 그 대가는 당신이 그때 그 통찰을 보다 건전한 합리적 토대 위에 올려놓을 수 있는 독창적 설명을 제공함으로써 그 논증을 개선시키는 노력을 할 수 있다는 것이다. 말하자면, 한 논증에 대한 주의 깊은 읽기, 자비로운 해석, 그리고 정확한 재구성은 빈번하게 당신 자신의 어떤 철학적 진보를 향한 첫 단계가 된다.>5

자비의 원리를 적용할 때, 당신은 저자의 견해의 장점들을 확인하기 위해 그 또는 그녀에게 감사할 수 있는 한두 가지를 생각하려고 노력할 수 있다. 아마도 저자는 어떤 것을 명석하게 했거나 혹은 어떤 새롭거나 흥미로운 방향으로 논의를 옮겨 놓았을 것이다. 비록 당신이 그 계획을 참담한 것이라고 생각하게 될지라도, 저자가 성취해 나갔던 것을 확인하는 것은 당신이 그 또는 그녀의 논지를 전적으로 놓치지 않았다는 것을 확신하는 데 도움이 될 것이다. 만일 텍스트가 쉽거나 지루해 보이고, 그것이 당신이 그것을 읽음으로써 얻게 될 모든 것이라면, 당신은 틀림없이 당신의 교사가 당신이 그것을 읽은 후에 얻기를 바란 것을 놓쳤을 것이다.

놀랍게도, 철학자가 보다 영향력이 있으면 있을수록, 때때로 그 또는 그녀의 논증에 관해 무엇이 그렇게 흥미로운 것인지를 아는 것은 더 어렵다. 어떤 전망이 너무나 남김 없이 상식에 흡수되었을 때, 그 전망을 정합적으로 그리고 처음으로 설득력 있게 설명한 것이 기념비적 성취였음을 인지하는 것은 어려울 수 있다. 따라서 저자가 설명하려고 했던 문제들이 무엇인지, 그러한 문제들을 설명하는 활용 가능한 방식이 무엇인지, 그리고 만일 모두가 그 논증을 받아들였다면 그 또는 그녀의 시대에

>5 나는 앨리스데어 맥킨타이어(Alisdair MacIntyre, 2006)를 읽은 후에 이러한 논점을 주장하도록 고무되었다.

무엇이 변화했는지를 감상하기 위해, 저자가 작업했던 지적인 환경에 대해 약간의 감각을 가지는 것은 도움이 된다.

✐ 4 논증을 어떻게 비판할 수 있는가?

좋은 전략

논증을 비판하는 몇 가지 방식들이 있지만, 가장 명백한 것은 다음의 것들이다: (a) 결론이 전제로부터 도출되지 않는다는 것을 보여 주는 것, 혹은 (b) 하나 이상의 전제가 거짓이라는 것을 보여 주는 것. 첫째, 만일 저자의 전제를 인정하고 그 또는 그녀의 결론을 부인하는 것이 가능하다면, 그 논증은 부당하다. 이것은 **비록** 전제들이 참이라고 **할지라도**(아직 그것들이 그런지 아닌지를 말하려는 것은 아니다), 그것들은 결론이 참이라는 것을 증명할 충분한 증거를 구성할 수 없다는 것을 의미한다. 이러한 비평의 한 종은 저자가 그 또는 그녀가 증명하려고 목적했던 것과는 다른 어떤 것을 증명했다는 것을 보여 주는 것이다. 결론이 여전히 참일 수 있다. 그러나 논증이 부당하다면, **그 논증은** 그 결론이 참이라는 충분한 근거를 제공하지 않는다.

또한 이와 달리, 비록 그 논증이 타당할지라도, 만일 전제들 중의 하나가 거짓이라면, 저자는 결론을 위한 적절한 지지를 제공하지 않은 것이다. 하나의 논증은 반드시 그 전제들에 올바르게 기술될 수 있는 세계 내의 그 사례여야만 한다. 하지만 만일 현실 세계가 그 전제들에 의해 올바르게 기술되지 않는다면 ― 즉 전제 속에 주장된 사실적 기초가 가짜라면 ― , 전제와 결론 간의 어떠한 필연적 연관에도 불구하고 그 논증은 반드시 그 사례여야만 하는 어떤 것을 지시하는 데 실패한 것이다. 이 구절에 기술된 전략은 추론이 기초하고 있는 사실적 토대를 비판하는 주요한 방식이다.

　논증을 비판하는 또 다른 방식 있다. 그것은 논증이 부당하다는 것을 보여 주지 않고 오히려 논증이 순환적이기 때문에 그것의 타당성이 흥미롭지 않다는 것을 보여 준다. 만일 내가 "신은 존재한다. 따라서 신은 존재한다"라고 말한다면, 나는 전제가 참이면서 결론이 거짓인 것은 불가능하기 때문에 타당한 논증을 제공한 것이다. 그러나 이것은 실제로 속이 빈 승리이다. 결론을 이미 받아들이지 않는 그 누구도 내가 결론을 지지하기 위해 제안했던 전제들을 받아들이려 하지 않을 것이다. 나는 내가 증명하기로 되어 있는 것을 가정한 것 — 그리고 그 가정은, 버트런드 러셀(Bertrand Rusell)이 예전에 관찰했듯이, 전적으로 "정직한 노고를 넘어서는 도둑질을 활용([1919] 1993 : 71)"한 것이다.

　당신은 결코 진지한 철학적 저작에서 위에서 언급한 것과 같은 악순환의 논증과 마주치지는 않을 것이다. 하지만 (하나 이상의) 전제의 참이 **암묵적으로** 혹은 **간접적으로** 결론의 참에 의존한다는 점에서 "선결문제를 요구(붏음을 구걸)"하는 철학적 논증을 경계하라는 좋은 충고를 받을 수 있다. 혹은, 아마도 여전히 보다 흔한 것은, 한 철학자의 논증 속에 드러나는 (하나 이상의) 전제의 참이 그 또는 그녀의 상대방의 견해를 **거짓이라고 가정**하는 것이다. 예를 들어, 낙태의 도덕성과 관계하는 다음의 논증을 고려해 보라:

전제 1: 　　　인간 개체의 생물학적 정체성은 수정 단계에서 확정된다.
전제 2: 　　　어떠한 인간 개체도 하나의 인격이다.
첫 번째 결론: 하나의 인격은 수정 단계에서 존재한다.
전제 3: 　　　모든 인격은 그들의 생명에 대한 존중과 법 앞에서의 평등을 받을 가치가 있다.

두 번째 결론: 수정 단계부터 모든 인격은 그들의 생명에 대한 존중과 법
앞에서의 평등을 받을 가치가 있다.

첫 번째 전제는, 수정체가 발생에 있어 그것의 유전학적인 결정적 특징 때문에 수정체가 단일하고, 확인 가능하고, 개체화된 생명이 되는 시점에 관한 경험적 주장을 한다. 우리의 주장을 전적으로 두 번째 전제에 초점을 맞추기 위해 이 주장이 사실이라고 가정해 보자. 두 번째 전제는 경험적 주장이 아니라, 사람의 인격이 무엇을 의미하는지에 관한 형이상학적 주장이다. 그것은 사람의 인격성을 이렇게 이해할 때 장점이 있다는 것이고, 그래서 그것이 참일 수 있다는 것이다. 하지만 그것은 처음부터 그 결론을 받아들이려는 경향이 없는 누군가에게는 반박되기 매우 쉽다. 존중과 법적인 승인은 발생 초기 단계의 인간 존재에게는 부과되지 않는다(혹은 평등하게 부과되지 않는다)고 믿는 어떤 사람들은, 그것이 인간의 인격성에 관한 다른 견해로부터 나오는 것이기 때문에 이러한 견해를 주장한다. 예를 들어, 어떤 철학자들은 인간 존재는 의식적 경험과 시간상에서 존재하는 것을 스스로 의식하는 그 또는 그녀의 능력 덕분에 (전기적인 삶과 생물학적 생명을 구분하는 제임스 레이첼스(James Rachels)를 뒷받침하면서) (Singer 1993: 87 이하) 하나의 인격이라고 주장한다 (Singer 2000: 217-18, 320). 따라서 그들은 이러한 능력들이 인간 종의 모든 구성원들에 의해 언제나 향유되는 것은 아니기 때문에 전제 2를 배격한다. 그것들은 오히려 출현하고 발전하는 능력들이고, 때때로 비극적으로 사라지는 능력들이다.

전제 2가 두 번째 결론을 받아들일 경향이 없는 누군가에게 반박되기 쉽다는 것은 논증의 논리적 혹은 경험적 결함이 아니라는 사실에 주목하는 것이 중요하다. 말하자면, 전제 2의 그럴듯한 거부는 그것이 거짓이라

거나(그리고 따라서 그 논증이 불건전하다) 혹은 첫 번째 결론이 논리적으로 도출되지 않는다(그리고 따라서 그 논증이 부당하다)는 것을 함축하지 않는다. 하지만 이 논증이 우리에게 합리적 주장을 하기로 되어 있는 한, 그것은 궁극적 결론에 관해 우리가 가졌던 어떤 선행하는 견해와 무관하게 변증론적 결점을 제시한다. 이 논증은 그 논증에 의해 기꺼이 설득될 것 같은 사람들이 결정적 한 단계에 대해 합리적 유보를 할 것 같은 맥락에서 제공될 수 있을 것 같다. 따라서 이 논증을 제공하려는 사람은, 예측건대, 생명 존중과 법 앞에서의 평등 문제에 관해 궁극적 입장이 명백히 다른 대부분의 상대방을 설득하는 데에는 효과가 없을 것이다. 한 논증의 합리적 추구가 다른 견해를 가진 누군가에 맞서 어떠한 진척이라도 하려면 아마도 그것은 궁극적 결론과 너무나 밀접하게 관련된 결정적이고 경합하는 참여를 이미 받아들인 사람들에게만 제한된다는 것을 보여 주는 것은, 철학적 비평의 견고한 한 가지 전략이다.

나쁜 전략

비판이 그 사람의 입장이나 논증 대신에 그 사람을 공격하는, **사람에 대한 논증**(argumentum ad hominem)이라고 불리는 오류(즉, 나쁜 논증의 한 유형)가 있다. 한 철학자에 대해 그 또는 그녀가 이상한 견해를 주장하고 있다거나, 나쁘게 쓰고 있다거나, 너무 추상적이라고 진술하는 것은 적절한 철학적 비평이 아니다. 비실재적이거나 추상적이거나 나쁘게 쓰여 있다는 것은 거짓이라거나 부당한 것과는 다르다.

만일 당신이 서평(보통 오직 대학원 학생들과 직업적 철학자들만이 성가시게 쓰는 어떤 것)을 쓰고 있는 것이 아니라면, 텍스트를 쓴 저자의 성취를 칭찬하거나 모욕하는 것은 나쁜 형식이다. 아마도 그 책이나 논문은 당혹스럽게 많은, 얼핏 보기에 넘쳐 나는 주석들을 가지고 있을 것이다. 아마도 그것은 깊이를 잴 수 없을 정도로 조밀하고 상세할 것이다. 그것이 지루한 독서를 만들겠지만, 그것은 궁극적으로 텍스트 속에 제공된 논증의 건전성이나 그 논증들에 대한 당신의 비판적 평가와는 아무런 관련이 없다. 다른 한편, 아마도 그 책이나 논문은 당신의 삶을 어떻게든 변화시킬 것이다. 그런 경우에 저자에게 사적으로 편지를 써서 그 또는 그녀가 알게 하거나, 당신이 관심을 가진 모든 이들에게 그 책을 추천하라. 그럼에도 불구하고, 그러한 종류의 사적인 평가가 당신이 전개하고 옹호하려고 계획 중인 논제의 통합적인 일부가 되는 그러한 드문 경우들을 제외하고, 그것은 학술적 글쓰기에 속하는 것은 아니다.

2.2 논증 산출하기

✒ 5 명확하게 진술되고 조밀하게 초점을 맞춘 논제가 핵심이다

당신의 논제는 당신이 당신의 논문을 읽은 후에 당신의 독자가 받아들이기를 원하는 진술이다. 그것은 당신 논증의 결론이다. 논문의 서두에 당신의 논제를 명확하게 그리고 명시적으로 진술하는 것은 두 가지 이유에서 중요하다. 첫째, 만일 독자가 그 논문이 무엇을 성취하기 위해 설정되었는지 알기만 한다면, 그 또는 그녀는 논문의 성공을 어떻게 판단해야 할지를 알 것이다. 논제는 독자에게 논문의 목표를 드러낸다. 사실 몇몇 저자들은 독자에게 정확히 그 논문의 성공을 어떻게 판단해야 하는지를 말하는 데까지 나아간다: "만일 내가 칸트가 이러저러한 이유로 그러저러한 견해를 주장했다는 것을 보여 주는 데 성공했다면, 논문은 성공적인 것으로 판단되어야 할 것이다." 둘째, 논제를 명시적으로 진술하는 것은, 저자 자신의 목적에 관한 혼란을 없애기 때문에, 저자가 작업을 계속

하는 것을 돕는다.

　논제는 조밀하게 초점을 맞추어야 한다. 거의 모든 논문은 어떤 단어의 수와 쪽수의 한계 내에서 쓰여야만 한다. 그래서 저자는 배분된 공간 내에서 적절하게 언급될 수 없는 주제를 문제 삼아서는 안 된다. 다섯 쪽짜리 논문을 다음과 같이 시작하는 것은 어리석다: "나는 칸트의 도덕 철학이 잘못이라는 것을 보여 주겠다." 이것은 무모하고 명백히 획득될 수 없는 것이다. 왜 이렇게 쓰지 않나: "나는 칸트가 **선**이라고 적절하게 불릴 수 있는 유일한 것은 선의지라고 주장하기 위해 그가 『도덕형이상학 기초(Groundwork)』에서 제시한 논증이 부당하다는 것을 보여 주겠다." 당신은 이것을 다섯 쪽짜리 논문에서 할 수 있을 것이고, 만일 당신이 그것을 한다면, 그것은 매력적인 논문일 것이다.

6 논문의 서론에서 이 글을 왜 쓰는지 그리고 왜 읽어야 하는지를 진술한다

논문은 서론을 가져야 한다. 서론에서 당신은 독자에게 당신이 옹호하고자 하는 논제와 그것을 옹호하기 위해 당신이 수행할 전략을 말해 주어야 한다. 그것에 관해 이렇게 생각해 보자: 당신 서론의 끝에서 독자는 당신이 왜 성가시게 그 논문을 썼는지, 그리고 그 또는 그녀가 왜 성가시게 그것을 읽어야 하는지를 알아야 한다. 만일 당신의 논문이 이것을 성취하는 서론을 가지고 있지 않다면, 독자는 처음부터 길을 잃을 것이다. 자, 당신은 당신의 주제를 소개할 수 있을 것이다. 혹은 그것이 아니라면, 당신은 당신의 목표와 전략이 명확해지기 전에 왜 그 논문을 쓰고 있는지를 설명할 수 있을 것이다. 하지만 그러한 언급들은 단지 몇 문단만을 차지해야 한다. 따라서 당신의 논제에 대한 진술과 계획의 개요가 여전히 당신 논문의 처음에 거의 즉시 나와야 할 것이다.

당신이 무엇을 하든지 간에, 예를 들어, 진정한 철학자 또는 우리의 영광스러운 (혹은 불명예스러운) 선조들이 되는 것과 같은 그러한 심리적 부담감을 야기하는 이상야릇한 주제에 관한, 거의 시적인 상투어로써 논문을 절대 시작하지 마라. 몇몇 필자들은 저자의 다음과 같은 역량을 시연하는 문단을 통해 독자들을 일종의 수사학적 주문 아래로 끌어다 놓는다고 생각하는 것 같다:

- ☑ 어휘.
- ☑ 독서의 폭.
- ☑ (보통 라틴어로 된) 몇몇 지적인 체하는 구절들에 대한 친숙함.
- ☑ 고도로 추상적인 주제들에 대해 웅변적으로 왁스칠을 하는 능력.
- ☑ 현재의 혹은 역사적 사건들에 대한 세세한 지식.
- ☑ 모호한 음모론적 이론에 대한 의식 혹은
- ☑ 끔찍하게 이상적이거나 냉소적인 능력.

반면에, 만일 논문의 시작이 이러한 요소들로 특징지어진다면, 어떠한 비판적 독자도 거대한 붉은 깃발을 보게 될 것이다. 오히려, 당신의 주제를 쓰려고 선택한 당신의 근거들을 소개하고, 당신이 그 논문에서 성취하고자 의도하는 것과 방법을 명확히 진술하라.

당신의 논문은 당신이 논의하는 텍스트를 단순히 요약하기만 해서는 안 된다. 독자는 당신이 무엇을 논의하든지 그것을 벌써 읽었을 것이다. 따라서 어떤 이유로 그 또는 그녀가 단순히 요약된 것을 읽어야 하겠는가? (그렇다, 나는 그것을 읽는 것이 당신 교사의 일이라는 것을 안다. 하지만 그것은 핵심을 놓치는 것이다.) 교사가 당신의 논문을 읽는 것에 동의하기 전에, 당신은 교사에게 그것이 교사의 소중한 시간을 들일 만한 가치가 있다는 것을 확신시켜야 한다고 상상해 보라. 당신은 무어라 말할 것인가? 당신이 당신의 논문을 독자에게 소개할 때, 당신은 그 논문에 관해 특별히 중요하다거나 도움이 된다고 여기는 것을 취해야만 한다는 것을 명심하라. 독자에게 당신의 논문을 읽음으로써 저자, 텍스트, 혹은 철학적 현안에 대한 독자의 이해가 개선될 것이라고 생각할 수 있는 어떤 이유를 주어라. 그리고 가장 중요한 것은, 당신이 진실로 중요한 저자들, 텍스트들, 그리고 현안들에 대해 독자의 이해에 기여할 중요한 어떤 것을 가졌다는 것을 확신하는 것이다.

✒ 7 논문의 본론에서 논제를 증명하기 위해서는 전략에 따라야 한다

당신의 논증은 논문의 전체적 구조를 제공한다. 결국, 당신은 독자에게 당신 논문의 각 부분이 당신의 논증에서 어떤 역할을 하는지를 말해야 한다. 이행은 명시적이이야 한다. 독자는 당신 논문의 모든 지점에서 당신이 성취했던 것, 당신이 지금 당면하고 있는 것, 그리고 당신이 다음번에 나아갈 곳을 알고 있어야 한다. 예를 들어, 당신이 어떤 논증을 완결했을 때, 당신은 독자에게 간단히 당신의 결론, 그것이 도출되는 전제들, 그리고 그것들이 도출되는 **근거들**을 진술함으로써 그 논증의 기본적 구조를 상기시킬 수 있을 것이다. (결론이 전제들로부터 도출되는 근거에 관한) 마지막 부분이 한 철학자의 전망으로부터 나오는 가장 중요한 부분이다. 왜냐하면 누군가가, 예를 들어, 지식의 개념 속에는 만일 어떤 명제가 참이 아니라면 알려질 수 없다는 것이 암묵적으로 들어 있다고 주장할 수 있다. 그러나 오직 철학적 저술만이 (만일 그것이 그렇다면) 그것이 왜 그러한지에 대한 **논증**, 즉 **설명**을 포함한다.

당신은 간단히 이전의 절이 당신의 전체적 전략에 무엇을 기여했는지를 재진술함으로써 이와 유사한 방식으로 논문의 새로운 절을 시작할 수 있을 것이다. 그럼에도 불구하고, **만일** 당신이 당신의 궁극적 목적을 수행하고자 한다면, 당신은 독자에게 다음의 절이 왜 **도입되었는지**, 진실로 이전의 절에 의해 **적극적으로 요구되었는지**를 설명하는 것이 핵심적이다. 다음과 같은 방식으로 직접 쓰는 것은 완벽하게 받아들일 만한 것이다: "나는 [이전 절에 들어 있는 논증의 기본적 진술] 때문에, 방금 저 [결론]을 주장했다. [이전 절의 결론을 고려한다면, 당신이 당신의 궁극적 결론에 도달하기 위해 왜 더 나아간 무엇인가를 확립해야만 하는지에 대한 기본적 진술] 때문에, 이 결론은 [당신 전략의 다음 단계]가 필요한지 여부에 관한 더 나아간 질문을 불러일으킨다. 따라서 이 절은 [당신의 궁극적 결론을 확립하기 위해 당신이 여전히 필요로 하는 중간 단계]를 설명한다." 명백히, 내가 이렇게 기획한 것은 도식적이고 멍청한 것이다. 나는 구체적인 주제를 가지고 글을 쓰고 있는 누군가가 어쨌든 보다 기술적으로 이행하기를 희망한다. 만일 당신이 당신 논증의 구조와 전개에 대해 똑바로 말한다면, 당신은 독자를 합리적으로 확신시킬 보다 나은 기회를 마련할 것이라고 하는 것이 기본적인 핵심이다.

당신이 계획을 가지고 있다는 것을 기억하라. 당신 논문의 모든 부분은 당신의 논제를 확립시키기 위해 당신이 실행하고 있는 전략의 일부분이다. 문장들과 문단들이 절대로 그것들 간의 명확한 관계성 없이 하나씩 흘러나와서는 안 된다. 전체로서의 논문도 그리고 그것의 문단을 구성하는 어떠한 것들도 핵심 사항 점검표처럼 읽혀서는 안 된다. 한 문단에서 다음 문단으로, 한 절에서 다음 절로 이어지는 명확한 논리적 진행이 있어야만 한다.

새로운 주제는 새로운 문단을 얻는다. 이 점은 당신의 독자를 당신의 논증을 통해 안내하는 데 핵심적일 뿐만 아니라, 건전한 논증을 만드는 데에도 핵심적이다. 만일 당신이 당신 자신에게 하나의 문단 내에서 몇 가지 주제들을 발의하는 것을 허용한다면, 당신은 충분한 설명이나, 다음 단계를 위한 벽돌처럼 그것을 확고하게 할 증거를 가지고서 당신의 주제들 가운데 하나를 적절하게 지지할 것 같지 않다. 끝으로, 당신은 독자에게 당신이 제기한 어떤 주제에 의해 당신 논증의 어떤 측면이 언급되었고, 그것이 당신의 전체 전략에 어떤 기여를 하는지를 분명하게 해야만 한다.

만일 어떤 문단이 당신의 논증을 위해 당신에게 필요하지 않은 어떤 것을 확립한다면, 당신은, 아무리 현명한 것일지라도, 그것을 던져 버려야 한다. 때때로 저자들은 그들이 생각하기에 특별히 심오한 단 하나의 문장을 유지하기 위해, 그것이 그 논문의 전체 목적에 아무리 관련이 없거나 비일관적인 것이라고 할지라도, 그들의 작품을 완전히 뒤집어엎어 놓는다. 하나의 핵심적인 언급 때문에 당신의 논문을 망가뜨리지 마라. 나는 창조적인 필자들이 때때로 하나의 훌륭한 한 줄에서 시작하고 오로지 그것을 형성하기 위해 전체 각본을 (말하거나) 쓴다고 들어 왔다. 하지만 그 특별한 한 줄은 빈번하게 그것이 적합하지 않기에 생략되어야만 하는 전적으로 다른 맥락에서 기원한 것이다. 그러므로 당신이 도무지 폐기하거나 쌓아 둘 수 없는 탁월한 생각은 당신의 다음 번 걸작을 위한 계기로서 적어 두어라. 그동안에는 현재 당신 논문의 논제에 계속 초점을 맞추어라.

✒ 8 당신의 견해에 대한 반론을 고려하라

만일 당신이 당신의 논제나 논증에 대한 가능한 어떤 반대를 예상하고,

이러한 반대가 어떻게 언급될지를 보여 줄 수 있다면, 당신의 논문은 훨씬 더 강해질 것이다. 반대되는 견해의 장점들과 타협하고 근거들에 대한 조정이 왜 여전히 당신의 견해를 지지하는지를 보여 주는 것은, 아래에서 밀(Mill)이 설명하였듯이, 당신에게 이러한 논의에 참여할 자격을 주는 하나의 불가피한 단계이다:

사례에 대한 그 자신의 한쪽 측면만을 아는 사람은 그것을 거의 알지 못한다. 그의 근거들은 훌륭한 것일 수 있고, 누구도 그것들을 반박하지 못할 수 있다. 그러나 마찬가지로 그가 다른 쪽 측면의 근거들을 반박할 수 없다면, 또는 그가 그것들이 무엇인지조차 모른다면, 그는 어느 한쪽의 의견을 선호할 근거를 가지지 못한다. 그에게 합리적인 입장은 판단을 연기하고, 만일 그가 그것에 만족하지 않는다면, 그는 권위에 의해 이끌리거나 대부분의 사람들처럼 그가 가장 그럴듯하다고 느끼는 측면을 채택할 것이다(Mill [1859] 1989: 38).

일반적으로, 당신의 합리적 의무는 당신이 받아들인 최선의 전제들로부터 논증을 하는 것이다. 이러한 의무는 단지 당신을 강제하는 것 같은 전제들로부터 논증을 한다고 수행되는 것이 아니다. 당신은 또한 상대방을 강제할 것 같은 전제들을 언급해야만 한다. 오직 그럴 때에만 당신은 근거들의 조정에 의해 가장 잘 지지되는 결론을 가지고서, 당신이 받아들이기에 가장 쉬운 결론을 선택하는 실수를 하지 않았다는 어떤 확신을 가지게 될 것이다.

당신의 논제에 대한 반대는 어떠한 근거나 사실도 혹은 당신 논제의 진리에 의심을 던지는 어떠한 논증도 포함한다. 즉 하나 이상의 전제 혹은 논증의 타당성에 대한 진리에 의심을 던지는 어떠한 고려도 포함한다. 몇몇 반대의 흔한 유형들은 다음과 같다:

☑ 당신의 논증은 주장된 것과 다른 결론을 지지한다.

☑ 당신의 논증은 우리가 그것을 받아들이기보다 거절하기에 더 좋은 근거를 가진 전제들로부터 도출된다.

☑ 당신의 논증은, 타당하기 위해서, 우리가 논증하지 않았거나 멀리 돌아가거나 거짓인, 즉 추가적이고 인정되지 않은 전제들을 요구한다.

☑ 한 철학자의 견해에 대한 당신의 해석은, 중요한 텍스트의 증거를 누락하고 있거나, 혹은 어떤 구절들에서 의미가 있는 반면에 다른 것들을 설명하거나 수용할 수 없다.

☑ 당신의 견해는, 그 자체로 고려될 때 설득력이 있는 반면에, 다른 영역에서 예상치 못한 그리고 받아들일 수 없는 귀결을 가질 수 있다. 따라서 비판가들은, 예를 들어, 당신의 전제들이 활용 가능한 모든 자료들을 고려하는지, 중요한 용어법에 관한 미묘한 오용이나 불일치가 있는지 등, 당신이 설명하려고 설정한 질문이 제기된 방식을 재고하지 않을 수 없다고 느낀다.

당신이 실천해야 할 지적인 덕목은 잠시 동안 당신의 구체적인 경향과 참여를 연기하고 이러한 유형의 반대(혹은 다른 사람들의 반대)가 당신의 논증에 반대하는 어떤 힘을 가지는지를 물어보는 것이다. 당신이 그것을 받아들일 근거를 제공했음에도 불구하고, 좋은 정보를 갖춘 지적인 사람이 어떤 근거로 당신의 논증에 반대할 수 있는 것일까? 만일 당신이 확고하고 흥미로운 반대를 고려한다면, 당신의 논제 혹은 논증에 대한 반대를 고려하는 것은 흥미로운 일이라는 것을 기억하라. 하지만 단지 주의를 산만하게 하기 위해 손쉬운 반대들을 노출하려고 노력하는 가운데 그것들을 비평을 추구하는 것으로 제시하는 것이 적절하다(그리고 때때로 중요하다)고 말하는 논의 속에서, 때때로 손쉬운 반대들이 충분한 것으로 통용되고 있다. 그럼에도 불구하고 논쟁에서 가장 날카로운 참여자들의 가장 설득력 있고 잘 전개된 반대를 고려하는 것은 언제나 가장 유익하고 흥미로운 일이 될 것이다.

이곳이 잘 근거 지은 철학적 사고는 지적인 공동체에 기여하고, 그리고 보통 그것을 요구한다는 사실을 언급할 좋은 장소이다. 다른 사람들의 견해를 고려하고, 당신 자신의 견해를 전개하고, 반대를 고려할 때, 다른 사람들의 성취에 대한 존경, 당신 계획의 장점에 대한 확신, 그리고 당신 자신의 결과에 대한 겸손 사이의 균형을 발견하려고 노력하라. 첫째, 당신이 마치 여러 해 동안 보다 열등한 마음들을 어리둥절하게 만든 문제에 대해 마침내 승리한 것처럼 쓰지 마라. 둘째, 당신의 논문이 추측, 반박, 수정 그리고 더 나아간 도전 과정에 기여하는 것으로 생각하라. 제러미 왈드런(Jeremy Waldron)[6]은 그들 자신이 틀릴 수 있다는 것을 의식하는 참여자들 간의 정열적인 철학적 토론의 결실을 다음과 같은 정신으로 묘사하였다:

논증의 상호작용은 끊임없이 계속될 훨씬 더 정열적인 토론을 위한 토대를 형성하는 보다 나은 이론들을 생산할 것으로 기대된다. 이러한 토론들 속에서 우리들 각자는 자신이 옹호하려는 구체적 견해의 전망뿐만 아니라 철학적 공동체의 전망을 취하는 책임을 가진다. 전자의 전망에서 한 사람은 어떤 특정한 이론의 정열적인 지지자이다. 하지만 후자의 관점에서 한 사람은, 어떤 특정한 이론이 아무리 매력적이고 잘 논증되었을지라도, 그것이 토론의 과정에서 상처를 입지 않고 살아남을 것이라고 기대하는 것이 잘못이라는 것을 안다. 사람들은

---

[6] 왈드런(Waldron)은 뉴욕 대학교 법학 전문 대학원 교수이고, 주로 법철학과 정치철학을 연구하고 가르치고 있다. 그의 출판물 목록은 〈http://its.law.nyu.edu/faculty/profiles/ index.cfm?fuseaction=cv.main&personID=26993〉에서 찾을 수 있다.

토론이 다음과 같은 핵심을 가진다는 것을 인지한다: 복잡한 진리에 도달하는 방법으로서의 집단적 상호작용. 단순한 진리들, 자명한 진리들은 단일한 마음 속에서 형성될 수 있지만, 복잡한 진리들은 … , 밀의 표현에 의하면, 오로지 '적대적인 깃발 아래 싸우고 있는 전투원들 간의 거친 갈등의 과정에 의해서' 출현한다(Waldron 1993: 31 ; 밀(Mill)에 대한 인용 1989: 49).

당신이 당신 견해에 대한 반대를 고려할 때, 왈드런이 언급한 두 가지 전 망에서 그렇게 하도록 노력하라: 첫째, 당신이 그러한 반대를 제안하고 고려할 때에는 철학적 공동체로부터, 그리고 둘째, 당신이 그것에 대응 할 때에는 당신 자신의 견해로부터.

✑ 9 논문의 결론에서 논증의 결론을 설명해야 한다

논문을 결론지을 때, 당신의 논증이 보장하는 결론만을 끌어내어야 하는 것에 유의하라. 당신은 특별한 어떤 것을 논증하기 위해 당신의 논문을 쓰고 있는 중이다. 그러므로 "따라서 우리는 칸트의 윤리가 흥미롭고 다 른 많은 철학자들에게 영향을 주었다는 것을 안다"라고 결론을 내리지 마라. 나는 그 누구도 **그러한 것**을 확립하려고 애쓰면서 논문을 작성하는 수고를 마다한다고 생각하지는 않는다고 가정한다. 왜냐하면 만일 그것 이 거짓이라면, 칸트에 관해 쓰는 것에 그렇게 많은 핵심은 없기 때문이 다. 당신 논문의 결론은, 당신이 그것을 어떻게 논증했는지를 간략히 설 명하고, 당신의 주제에 대한 보다 넓은 논의의 맥락 속에서 당신이 취한 것이 중요하다는 것을 지시하면서, 당신이 옹호하고자 했던 논제를 재진 술해야 한다. 더욱이 칸트의 논증들 가운데 하나가 부당하고, 그래서 당 신이 칸트의 도덕 철학을 반박했다고 결론짓는 논문을 쓰지는 마라. 그것은 거짓일 테고, 그것은 당신이 당신 논증의 의미를 이해하지 못하고 있다는 것을 보여 줄 것이다.

　결론이 갑자기 나와서는 안 된다. 당신이 논문을 끝마쳤을 때 그것은 독자에게 명백해야 한다. 왜냐하면 당신은 당신의 서론에서 당신의 계획을 기획했을 때 당신이 하겠다고 말한 모든 것을 다했기 때문이다. 비록 당신의 논문이 답변한 것보다 더 많은 질문을 제기할지라도, 당신은 왜 당신 논제의 진리가 구체적으로 이러한 질문들을 제기하는지, 그리고 왜 그것들이 중요하고 흥미로운지를 보여 주기를 원할 것이다. 당신이 당신의 현재 논문에서 탐구할 기회를 가지지 못한 당신 논증의 전제들과 함축들을 모두 더 나아간 연구를 할 가치가 있는 것으로서 확인하는 것은 완벽히 받아들일 만한(그리고 상당히 도움이 되는) 것이다.

✒ 10 결론과 전제를 지시하는 단어들에 관해

"따라서(therefore)", "이와 같이(thus)", "그래서(hence)", 그리고 "결론적으로(consequently)"와 같은 단어들은 독자에게 다음에 나오는 진술이 **한 논증**의 결론임을 말해 준다. 마찬가지로, "왜냐하면(Because)" 그리고 "이런 까닭에(for)"와 같은 단어들은 다음에 나오는 진술이 **한 논증**의 전제임을 지시한다. 만일 당신이 전제 혹은 결론의 존재를 지시하는 단어들을 사용한다면, 당신의 논증에서 그것들이 (제각기) 결론 혹은 전제로서 기능하는 진술들에 결부되는지를 확실하게 하라.

　(제시의 어떤 순서에 따라 어떤 것 다음에 어떤 것이 나오는) 연속적인 진행과 (어떤 것으로부터 어떤 것이 추론되는) 논리적인 진행을 혼동하지 마라. 철학자들은 논증을 진지하게 취급한다. 우리는 "따라서…"를 읽을 때 흥분하게 된다. 만일 당신이 실제로 "따라서" 다음에 나오는 진

술을 위해 논증하지 않았다면, 우리는 (글을 읽느라고) 성가셨던 것을 분노하게 될 것이다.

✒ 11 모든 중요한 주장에 대한 정당화를 제공하라

만일 당신 논문의 중요한 어떤 것이 참된 특정한 주장에 편승한다면, 당신은 독자에게 그것이 참이라고 생각할 수 있는 근거를 주는 것이 좋다. 만일 당신 논문의 어떠한 것도 참된 주장에 편승하지 않는다면, 도대체 그것이 왜 당신 논문에 있어야 하는가? 당신은 때때로 "버리는 논평 (throw-away comments)"이라고 불리는 것 ─ 당신이 정당화할 준비가 되어 있지 않고 당신의 주요 논증의 성공에 영향을 주지도 않는 진술 ─ 을 피해야만 한다. 만일 당신이 당신의 논증에 의존할 때, 단지 당신의 논증에 통합될 주장들을 위한 하나의 예나 어떤 맥락을 제공하기 위해 상식의 문제나 지극히 기본적인 사실들(예를 들어 "지구는 둥글다.")을 언급하는 것은 적절할 **수 있다**. 하지만 그런 진부한 주장들을 위한 어떤 지지를 제공하는 것은 가장 불필요할 것 같다. 그러나 만일 당신의 논증이 당신의 설명을 이끌어 가는 중이라면, 당신은 당신의 추론을 설명하고 부담해야 할 전제들을 정당화하기 위해 할당된 모든 단어들을 필요로 하는 경우들도 있다.

그런데 "대부분의 사람들이 이러저러하게 생각한다"라고 말하는 것은 거의 모든 논증들에서 완전히 부적절하다. 당신의 독자가 이러저러하다고 생각하는 것은 확실히 근거가 아니다. 철학적 논증에서 정확히 문제시되는 것은 사람들이 **정당화**된다고 생각하는 것, 즉 그들이 **좋은 근거**를 가지고 있다고 생각하는 것이기 때문에 철학 논문에서 이러한 종류의 진술을 발견하는 것은 특히 당혹스럽다. 철학자들은 때때로 무엇이 질문에 대한 올바른 대답에 근접할 수 있는지를 얻기 위해 "직관들을 연결 (plumb intuitions)"한다. 그러나 누군가가 우연히 어떤 생각이나 직관을 가지게 되었다는 단순한 사실로부터 철학적으로 중요한 어떠한 것도 나오지 않는다.

때때로 학생들은 "미국 건국의 아버지들은 다음과 같이 말했다…" 혹은 "정부가 있기 전에는 …"과 같은 유사-신비주의적인 이야기를 한다. 철학 논문 쓰기를 이야기하는 시간으로 취급하지 마라. 만일 당신의 논증이 어떤 역사적 주장들에 근거한다면, 그것들을 올바르게 구하라. 당신은 당신의 논증을 지지하기 위해 역사적 자료를 간단하게 갖추는 것이 좋을 것이다. 그리고 당신은 그러한 주장이 철학적으로 흥미로운 결론을 위해 어떻게 당신의 논증을 진전시키는지를 분명히 해야 한다.

✒ 12 무엇이 논증을 철학적으로 흥미롭게 만드는 것인가?

내가 8장에서 보다 상세히 설명했듯이, 철학적으로 흥미로운 논증은 우리가 지닌 개념들의 내용을 해명하고 그것들을 적용할 때 그것들을 적용하기 위해 우리가 가지는 정당화들을 평가한다. 당신의 논문에서 타당한 논증을 만드는 것만으로는 충분하지 않다. 당신은 우리가 사물들을 어떻게 이해해야 하는지 혹은 우리가 그렇게 생각하거나 행동할 때 무엇이 정당한지를 설명해야만 한다.

이 타당한 논증을 고려해 보라: "만일 성경이 말하는 것이 참이라면, 낙태는 잘못이다. 성경이 말하는 것은 참이다. 따라서 낙태는 잘못이다." 이 논증 자체는 타당하지만, 주로 두 가지 이유에서 철학적으로 거의 흥미롭지 않다. 첫째, 전제들이 끔찍하게 논쟁적이다. 철학자들은 그들에게 그 전제들을 받아들일 어떤(some) 근거가 주어졌을 때에만 이 논증에 흥미를 가질 것이다. 첫 번째 전제(조건 진술)가 참이라는 것을 증명하는 것은 성경이 낙태 문제를 다루고, 그것이 잘못이라고 진술한다는 것 등을 증명하는 성경의 해석을 요구할 것이다. 그러나 당신이 첫 번째 전제를 지지하는 필수적인 증거들을 정렬시키고, 그리고 (한 권의 책과 달리) 논문의 제한된 쪽수와 단어 수의 한계 내에서 그것을 한다고 해도, 두 번째 전제가 참이라는 것을 증명하는 것은, 적어도 부분적으로 명백히 시적이거나 그렇지 않으면 문학적인 성서에 있어 참이라는 것이 무엇을 의미하는지에 관한 복잡한 설명을 요구할 것이다. 하지만 이 모든 것은 성경이 참**이라고 하는** 것은 무엇을 의미하는지를 **설명**하기 위해 그것이 오로지 무엇을 취하려고 했느냐에 달려 있다. 당신은 여전히 **그것이 참이라는 것을 논증**해야만 한다. 성경의 진리를 평가하는 것은 개인적인 계시와 같은 것을 요구하는 것이 나을 것이다. 그리고 당신의 논문이 아무리 훌륭한 것이라고 할지라도, 그것은 이를 성취할 수 없을 것이다.

　나는 결코 철학 논문이 성서의 해석에 근거할 수 없다거나 진리의 개념을 성서에 적용할 수 없다는 것을 시사하려는 것이 아니다. 핵심은, 만일 당신이 당신의 독자가 당신의 추리와 당신이 도출한 결론에 흥미를 갖기를 기대한다면, 당신은 반드시 당신의 독자가 이해하고 믿을 만한 이유를 가지는 주장들에 근거해야만 한다는 것이다. 만일 당신의 독자가 이미 그것들을 이해하거나 믿을 수가 없다면, 당신이 해야 할 일은 많다. 필자는 이러한 현안 문제들 — 성서가 **참**이라는 것이 무엇을 의미하고 우리가 성서의 어떤 부분에 관해 **그것이 참이라는 것을** 어떻게 **아는지**와 같은 현안 문제들 — 을 깔개 밑으로 쓸어버릴 수 없다. 그리고 철학적으로 흥미로운 논문이 되는 결과를 기대할 수 없다.

　이 논증이 철학적으로 흥미가 거의 없는 두 번째 이유는, 비록 논증 자체를 위해 그 결론이 참이라는 것을 가정한다고 하더라도, 우리는 **성경이**

그렇게 말했다는 것 이외에 낙태가 **왜** 잘못된 것인지, **낙태가 잘못되었다는 것**이 무엇을 의미하는 것인지에 관해 아무것도 배우지 않는다는 것이다. 당신의 부모님이 "내가 그렇게 말했기 때문에"라고 말할 때 당신이 그들과 가졌던 논증들을 포함하여 권위에 기초한 많은 논증들처럼, 이러한 논증은 아무것도 **설명하지 않는다.** 철학자들은 **왜** 그 결론에서 사물들은 그러하다고 말하는 방식으로 사물들이 있는지를 우리가 이해하도록 도와주는 논증을 원한다. 다시금, 나는 철학적으로 흥미로운 논증은 성경의 윤리와 낙태에 관해 쓰일 수 없다고 말하고 있는 것이 아니다. 핵심은 그러한 논문이 위에서 언급한 절름발이 같은, 거의 논점 선취적인 논증을 만드는 것을 지향하지 않는다는 것이다. 철학적으로 흥미로운 논문은 성서에 적용될 때의 진리 개념과, 그것이 도덕적 진리, 성경의 윤리 혹은 그러한 윤리로부터 발생한 정당화된 살인과 정당화되지 않는 살인 간의 차이를 근거 짓는 철학적 인류학에 적용될 때의 지식 개념을 해명하고자 한다. 그리고 그것은 낙태와 같은 깊이 있는, 도덕적이고 인간적 연관을 가진 문제에 관해 타당한 결론들을 형성하기 위해 그러한 개념들 혹은 논증들 혹은 이론들에 대한 해명에 근거하고자 한다. 하지만 우리가 위에서 언급한 진부하고 사소한 **전건 긍정** 속에는 이러한 종류의 연구의 징후가 없다.

철학자들은 일반적으로 (적어도 처음에는) "전통적으로" 받아들여진 개념들과 정당화들로부터 비판적인 간격을 두는 느낌을 공유한다. 철학자들은 그들 자신이 새롭게 사물들을 생각하지 않을 수 없다고 느낀다. 종교, 정치 혹은 다른 권위들의 결론들은 독립적이고 합리적인 탐구를 대체하거나 배제한다. 철학을 할 때 권위에 의해 **제약되지 않는다는** 것은 권위의 합법성을 정당하게 연구한 후에 그것을 **존중**하고 **받아들이는 것**과 완벽하게 조화될 수 있다.

권위와 진리 추구 간의 관계에 관해, 철학자들은 존 스튜어트 밀(John Stuart Mill)이 다음과 같이 썼을 때, 동의하는 경향이 있다 — "진리는, 그들 스스로 생각하는 수고를 하지 않았기 때문에 단순히 그것들을 주장하는 참된 견해들보다, 심지어 정당한 연구와 준비를 하고 혼자 힘으로 생각하는 자의 잘못에 의해 더 잘 획득된다(1989: 36)." 결국 권위에 대한 옹호는 하나의 **결단**이다. 그것은 우리가 **책임져야** 하는 어떤 것이고, 따라서 그것은 우리의 합리적이고 도덕적인 의무를 통해 **정당화**되어야만 하는 하나의 결단인 것이다.

하지만 자율성과 합리성이 경쟁 속에서만 존재하고, 권위와 계시된 진리와 갈등한다고 생각하는 것은 오해이다. 전통과 신앙은 자주 활용 가능한 개념들, 개념화들, 논증들, 혹은 심지어 합리적 통찰에 대한 우리의 파악을 용이하게 하는 어휘와 같은 기본적인 어떤 것들을 만든다. 그러나 진리 탐구와 지혜에 대한 사랑으로부터 획득한 것은 무엇이든지 오로지 진리를 탐구하고 지혜를 사랑함으로써만 당신의 것이 된다. 다른 사람들이 당신을 위해 당신의 계몽을 대신 경험할 수 없다 — 그리고 만일 그들이 그렇게 하려고 한다면, 당신은 그들을 그냥 내버려 두어서는 안 된다.

사람들은 때때로 그들이 받아들였던 전통들이 낯설어지고 바람직하지 않아질 때 그들 스스로 생각하려는 소망에 사로잡힌다. 어쩌면 당신은 당신의 전통이 널리 광고하고 싶었던 것보다 더 잔인했다는 사실을 발견하게 된다. 어쩌면 당신은 당신이 존경했던 지도자가 사기꾼이었다는 것을 알게 된다. 어쩌면 당신은 당신의 삶의 방식에 정착했던 관행들이 표류하기 시작하고 덜 필요하고 점점 선택적인 것으로 보이기 시작할 것이다. 이러한 경험들은 한 사람에게 그들이 계승했던 질문들에 대해 그들이 가졌던 답변들에 불안을 가져다주는 경향이 있다.

　당신이 이러한 필요를 느끼든 그렇지 않든 간에, 철학자들은 그것을 날카롭게 느끼는 경향이 있다. 많은 사람들이 이러한 필요를 강하게 느끼는 그들의 인생의 어떤 순간에 "실존적 위기"와 같은 어떤 것을 경험한다. 그리고 비록 당신이 가족, 종교, 혹은 정치적 이데올로기에 의해 제공된 답변에 만족한다고 할지라도, 철학 교사는 당신이 공적으로 활용가능한 증거에 기초하고 주의 깊은 추리에 의해 지지되는 독립적이고 합리적인 과정을 통해 당신의 결론에 이르기를 원할 것이다.

3. 학술적 글쓰기의 기초

3.1 문체의 요소

⌀ 13 일인칭과 능동태를 사용하라

일인칭으로 쓰는 것은, "당신" (이인칭) 혹은 "그것" (삼인칭)과 같은 단어들을 사용하는 것과 달리, 능동적인 주어를 지칭하기 위해 "나"라는 단어를 사용하는 것과 관련된다. 능동태로 쓰는 것은, 수동태 즉 주어에게 일어난 사건들에 관해 쓰는 것과 달리, 사물들을 행하는 주어에 관해 쓰는 것을 의미한다. 만일 당신이 특히 당신의 논제와 전략을 설정하는 최초의 몇 문단들에서 스스로 일인칭, 능동태로 쓰는 것을 허락한다면, 당신의 논문에 관해 생각하는 것이 훨씬 더 쉬워질 것이다. 바꾸어 말하자면, 당신은 당신의 서론 어딘가에서 다음과 같이 진술해야 한다: "나는 이 논문에서 … 〔논제를 삽입하라〕를 논증할 것이다."

수동태로 쓰는 것("그것은 … 하는 것으로 보일 것이다" 혹은 그와 동등한 것)은 저자가 논문이 나아갈 **필요가 있는** 곳이나 저자가 그 논문이 나아가기를 **원하는** 곳을 놓치게 만들 수 있다. 왜냐하면 수동태 구성으로 만드는 것은 논문이 자체의 생명력을 가진 것처럼 보이게 만들기 때문이다. 때때로 글쓰기는 이렇게 느껴지기도 한다. 그러나 그것이 그러할 때는 멈춰서 다시 초점을 잡아야 할 때이다. 결국 논문은 스스로 쓰지 않는다. 유사하게, 실제로 저자가 그 또는 그녀의 계획에 따라 글을 쓸 때, "이 논문의 목적은…"이라고 쓰는 것은 저자가 논문의 문장들이 자율적으로 결론을 향해 형성되고 있다고 믿게끔 만들 수 있다.

때때로 수동태를 사용하는 것은 당신의 산문에 다양성을 부가하거나 논문이 다소 덜 공격적인 것으로 보이게 만드는 유용한 방식이 될 수 있다. 때때로 당신은 한 문장에서 행동을 누군가에게 귀속시키기를 원하지 않는다. 그리고 특히 이러한 경우에 수동태는 적절한 것일 수 있다. 그러나 수동태 구성으로 어떤 것을 구체적이고 명확하게 말하는 것은 능동태 구성일 때 보다 더 어렵다. 나아가 독자는 당신이 설명하고자 하는 견해로부터 자기 자신을 거리를 두기 위해 수동태와 삼인칭 대명사를 사용하고 있다고 생각할 수 있다. 만일 당신이 당신의 논문에서 일인칭과 능동태를 사용함으로써 일어난 것에 대해 명시적으로 주인 의식을 갖는다면, 당신의 글쓰기는 보다 명확해질 것이다.

📌 14 회화적인 어투를 피하라

당신은 논문을 제출하기 전에 적어도 한 번 소리 내어 읽어야 한다. 이는 보통 교사가 몇몇 어색한 문장들, 이상한 표현들, 혹은 불완전하거나 제대로 전개되지 않은 문장들을 잡아내기 전에 그것들을 잡아내는 것을 가능하게 해 준다. 여기서의 교훈은 때때로 우리가 논문을 읽을 때 잘못을 바로잡아 읽는다는 것이다. 우리는 실수를 들을 때 그것을 덜 놓치는 것 같다. 아마도 이는 소리 내어 읽기가 보다 섬세한 활동이어서 우리가 보다 주의를 잘 할 수 있기 때문일 것이다.

하지만 이 충고는 우리가 말하는 방식으로 글을 써야 한다는 것으로 잘못 해석되어서는 안 된다. 당신의 과제와 당신의 청중을 기억하라. 학술적 글쓰기는 보통 진지한 어투 — 비록 "진지한(serious)"이라고 말하지만 내가 **무거운**(heavy)을 뜻하는 것은 아니다 — 를 요구한다. 철학적 텍스트들은 때때로 농담을 포함하지만, 그것들은 당면한 주제에 관한 중요한 어떤 것을 드러내는 농담들이다. "진지한 어투"에 의해 배제되는 것은, 철학자들이 그 또는 그녀의 견해 혹은 텍스트를 어렵게 하기 위해 어떤 철학자를 오용하거나, 열광적이거나 불쾌한 어떤 것을 언급하는 것이 논증에 의해 요구되지 않을 때, 그러한 사례들을 사용하는 것을 포함한다.

✒ 15 논문은 제목을 가지고 있어야 한다

논문의 제목은 독자를 당신 논문의 주제에 관해 구체적인 방식으로 생각하도록 초대하는 데 기여해야 한다. 당신의 논문은 어려운 질문과 분투하고 있는가? 만일 그렇다면, 어쩌면 논문 제목은 그러한 질문을 묻는 것이어야 한다. 당신은 어떤 논제를 발전시키고 옹호할 예정인가? 만일 그렇다면, 어쩌면 당신의 제목은 그 논제나 적어도 당신의 논제가 관여하는 중요 개념들을 진술해야 한다. 당신은 어떤 주제에 관한 한 철학자의 견해에 대한 해설을 제공할 작정인가? 만일 그렇다면, 그 철학자의 이름이나 그 또는 그녀의 저작의 제목이 논의되어야 할 주요 개념들 혹은 문제들과 더불어 제목 어딘가에 나타나야만 한다.

어떠한 환경하에서도 당신은 어리석고 진부한 제목으로 당신의 에세이를 불명예스럽게 만들어서는 안 된다. 서툰 제목은 독자에게 그 과제

와 당신의 독자와 그리고 (가장 후회스럽게도) 당신 자신의 지적인 작업
에 대한 존경심의 결여를 말해 준다.

✒ 16 쪽수를 매겨야 한다

쪽수는 독자가 논평을 쓰거나 제안을 하고자 할 때 당신 논문의 특정한
구절들을 참조하는 것을 용이하게 한다. 아마도 그 누구도, 쪽수들이 찾
기 쉽고 주제넘지 않는 한, 실제로 페이지 위에 쪽수들이 나타나 있는 곳
을 신경 쓰지는 않을 것이다.

✒ 17 구두법의 올바른 사용

☑ **쉼표(,)**는 두 개의 독립적인 절들을 연결하는 접속사("그리고" 혹은
"그러나"와 같은 것) 앞에, 삽입하는 말들을 돋보이게 하기 위해, 그
리고 그 밖에 당신이 문장의 한 부분이 다른 부분과 독립되어 있다는
것을 지시하기를 원할 때마다 사용된다.

☑ **세미-콜론(;)**은 두개의 독립적인 절들, 특히 두 번째 절이 "하지만
(however)", "그럼에도 불구하고(nevertheless)" 등과 같은 이행으로
시작한다면, 그것들을 연결하기 위해 사용된다. 그것은 마치 쉼표 위
에 마침표가 놓여 있는 것처럼 보이고, 앞에 혹은 뒤에 오는 것이 하
나의 문장으로서 자립적이지만(그래서 마침표 기능), 그것들이 함께
속한다는 당신의 설명에서 너무나 밀접하게 연결된다(그래서 쉼표
기능)는 점에서, 쉼표와 마침표의 기능을 결합한다〔세미-콜론은 우
리말로는 '쌍반점'이라 부르는 것으로, 이 부호는 주로 영미권에서
잘 쓰이고, 국어에서는 원래 쓰이지 않는다. 위에서 설명한 용도의

경우 국어에서는 '엠 대쉬' (줄표)나 '콜론' (쌍점)을 사용하고 있으며, '세미-콜론' (쌍반점)에 대한 규정이 따로 마련되어 있지 않다(국립국어원에서 발췌). 따라서 이 번역에서도 세미-콜론이 사용된 경우에 이에 상응하는 다른 부호들(., ,, :, —)을 사용하였다_옮긴이]

☑ **콜론**(:)은 표와 정의 혹은 용어의 설명을 도입하기 위해 사용된다.

☑ **엠 대쉬**(- 혹은 —)는 그것이 공식적인 글쓰기에 사용될 때 삽입어구처럼 사용된다. 즉 그것은 문장의 다른 부분으로부터의 논평, 여담, 해명을 두드러지게 한다. 또한 엠 대쉬는 한 문장의 끝에서 더 나아간 부연, 제한, 관찰, 지지, 혹은 때때로 수사적 풍부함을 위해 사용될 수 있다. 칸트로부터 나온 다음의 구절을 고려해 보라: "이러한 종류의 계몽〔즉 스스로 초래한 미성숙으로부터의 출현〕을 위해, 필요한 모든 것은 **자유**이다. 그리고 문제시되는 자유는 모든 것 가운데서 가장 해롭지 않은 형식이다 — 모든 문제들에서 자신의 이성을 **공적으로 사용**하는 자유이다(〔1784〕 1991: 55)." 이런 식으로 사용될 때, 엠 대쉬는 콜론과 똑같은 기능을 한다.〉[1]

✎ 18 라틴어 축약형의 올바른 사용

논문의 본문에 흔히 등장하는 몇몇 라틴어 축약형들이 있다:

☑ "*e.g.*"는 "*exempli gratia*"를 축약한 것인데, 이것은 "예를 들면"을 의미한다.

---

[1] 이 절을 준비하기 위해 검토했던 최고의 참고문헌은 『시카고 문체 매뉴얼(*The Chicago Manual of Style*)』(University of Chicago Press Staff 2003: 6장을 보라)이었다. 우연히 "엠 대쉬(em dash)"에 있는 "em"은 12 포인트 대문자 M의 넓이를 가리킨다.

☑ "*ibid.*"은 "*ibidem*"을 축약한 것인데, 이것은 "같은 곳에서"를 의미한다(바로 이전에 나온 참고문헌에서 인용된 텍스트를 지칭할 때 사용된다).

☑ "*i. e.*"는 "*id est*"를 축약한 것인데, 이것은 "즉(that is)"을 의미한다(바로 이전에 나온 용어 혹은 문장을 설명할 때 사용된다).

이러한 축약형들 가운데 하나를 사용할 때마다 직후에 쉼표를 두어라. 많은 필자들이 이러한 세 가지를 사용한다. 그러나 주석과 삽입된 인용문 속에 흔히 등장하는 다른 몇 가지 것들이 있다.

☑ "*cf.*"는 "*confer*"를 축약한 것인데, 이것은 "참고하다" 혹은 "비교하다"를 의미하지만, "또한 보라"(이를 위해서는 "see also"를 쓴다)를 의미하지는 않는다.

☑ "*et al.*"은 "*et alii*"를 축약한 것인데, 이것은 "그리고 다른 것들"을 의미한다(보통 어떤 책이 복수의 편집자들을 가지고 있거나 어떤 견해가 복수의 해설자들 혹은 지지자들을 가지고 있을 때 사용된다).

☑ "*loc. cit.*"는 "*loco citato*"를 축약한 것인데, 이것은 "인용된 곳에서"를 의미한다(이전에 인용된 텍스트의 동일한 특정한 **장소**를 지칭할 때 사용된다).

☑ "*NB*"는 "*nota bene*"를 축약한 것인데, 이것은 "잘 주목하라"를 의미한다(당신이 특별히 독자가 어떤 것을 주목하기를 원할 때 사용된다).

☑ "*op. cit.*"는 "*opere citato*"를 축약한 것인데, 이것은 "인용된 작품에서"를 의미한다(예를 들어, 동일한 주석 속에 참고문헌의 정보가 주어진 텍스트의 일부 혹은 바로 직전의 그리고 일반적으로 저자의 이름을 언급한 다음에 나오는 주석을 지칭할 때 사용된다).

☑ *"viz"*는 *"videlicet"*를 축약한 것인데, 이것은 "즉(namely)"을 의미한다(독자가 어떤 것을 어떻게 해석해야 하는지를 가르칠 때 사용된다).[2]

⟋ 19 라틴어 표현의 올바른 사용

철학에는 전문 용어로서 기능하는 많은 라틴어 표현이 있다. 나는 그것들을 설명하려고 하지는 않을 것이다. 왜냐하면, (내가 ⟋42에서 설명하였듯이) 전문 용어법의 설명은 그것들이 발생하는 철학적 맥락에 충실해야만 하기 때문이다. 이 절에서 내가 설명하려는 표현들은 철학적 글쓰기에서 흔하게 사용되는 것들이다. 하지만 그것들은 단순히 장식적 용어들이지, 철학적 용어들은 아니다. (외국어 단어들은 반드시 이탤릭으로 표시해야 된다. 그리고 보통 외국어 단어들의 축약형도 마찬가지이다.)

a fortiori	*ex hypothesi*	*passim*
ad hoc	*ex post facto*	*per se*
bona fide	*ipso facto*	*prima facie*
ceteris paribus	*magnum opus*	*qua*
de facto	*modus operandi*	*sine qua non*
de jure	*mutatis mutandis*	*sui generis*
ex ante	*pace*	

*"a fortiori"*라는 표현은 "훨씬 더 결정적으로"를 의미한다. 그것은 당신

---

[2] 또 한 번 내가 이 절을 준비하기 위해 검토했던 최고의 참고문헌은 『시카고 문체 매뉴얼』(University of Chicago Press Staff 2003 : 16장을 보라)이었다.

이 막 (이전의 문장 혹은 절 속에 언급된) 한 결론을 지지하는 근거를 주었고, 그리고 이 동일한 근거가 당신이 다음에 (다음 문장이나 절 속에서) 말하려고 하는 것에 대한 특히 강한 지지라고 생각될 때, 그 진술을 도입하기 위해 사용된다. 예: "접합자들이 의식을 보여 주지 않는다는 사실은 그것들이 인격이 아니라는 것을 보여 주지는 않는다. 그리고 **훨씬 더 결정적으로**(*a fortiori*) 그것들이 우리들 누구와도 다른 도덕적 지위를 가진다는 것을 보여 주지는 않는다."

"*ad hoc*"라는 표현은 특정한 이론으로부터 자연스럽게 도출되지 않지만, 그렇지 않았더라면, 그 이론을 좌절시켰을 성가신 문제들을 특별히 설명할 목적으로 만들어지거나 만들어진 것처럼 보이는 명제를 기술하기 위해 사용된다. 그것은 보통 비록 그 반응은 그 자체로 괜찮은 것일지라도, 문제시되는 이론의 귀결로 보이지 않는다는 것을 가리키기 위해 경멸적인 의미로 사용된다. 예: "양자 현상은 현대 열역학 내에서 설명될 수 없다. 그러나 그 이론에 추가로 **임시방편의**(*ad hoc*) 가설을 보충함으로써 조정될 수 있다."

"*bona fide*"라는 표현은 "좋은 믿음 속에서" 주장된 명제를 가리키기 위해 사용된다. 추가로 "*bona fide*"는 빈번하게 "현실적" 혹은 "좋은 입장에서"와 같은 의미로 "진짜의"를 의미하는 데 사용된다. 예: "처칠랜드 부부가 **진짜로**(*bona fide*) 제거적 유물론자인지 아닌지는 열린 질문이다."

"*ceteris paribus*"라는 표현은 "다른 모든 것은 동등한"을 의미한다. 설명적 일반화의 적용은 피설명항(즉 설명되어지고 있는 것)이 전형적 사례라는 가정하에서만 타당하다는 것을 가리키기 위해 사용된다. 정의에 의하면, 예외는 그 규칙에 의해 포괄되지 않는다. 예: "죄수가 구속에서 탈출하려고 시도했다는 증거는, **다른 모든 것이 동등하다면**(*ceteris paribus*), 죄의식의 증거이다.

"*de facto*"라는 표현은 "사실에 관한"을 의미하고, 한 사태가 권리 혹은 법의(즉 *de jure*) 문제라기보다 사실의 문제로 여겨진다는 것을 가리키기 위해 사용된다. 예: "사형 제도를 가지고 있는 몇몇 주들이 죽어 마땅한 죄수들을 거의 30년 동안 처형하지 않았다는 사실은, 비록 그것이 **법적으로**(*de jure*) 형법상의 제재로 남아 있다고 할지라도, 대부분의 주들이 **사실상**(*de facto*) 사형 제도를 없앴다는 것을 보여 준다.

"*ex ante*"라는 표현은 "미리"라는 것을 의미하고, 어떤 중요한 사건 전의 상황을 지칭하기 위해 사용된다. 예: "한 사람의 행동이 다른 사람의 복지에 어떻게 영향을 끼칠지 **미리**(*ex ante*) 정확히 예언하는 것은 불가능하다는 것을 고려할 때, 공리주의적 격언 '일반 공리가 최대화되도록 행동하라'가 어떻게 자신의 다음 행동을 숙고하는 도덕적 작인에게 많은 도움을 줄 수 있을지를 알기는 어렵다.

"*ex hypothesi*"라는 표현은 "가설에 의하면"을 의미하고, 논의되고 있는 입장에 의해 참이라고 가정되는 어떤 명제를 가리키기 위해 사용된다. 예: "하지만, 유물론자는 뇌의 상태라는 관점에서 의식 현상을 설명해야만 한다. 왜냐하면, **가설에 의하면**(*ex hypothesi*), 존재하는 유일한 사물들은 물질적 사물들이기 때문이다."

"*ex post facto*"라는 표현은 "사실 다음에"를 의미하고, **미리**(*ex ante*)의 반대 상황을 가리키기 위해 사용된다. 예: "공리주의자는 결과적으로 **사후에**(*ex post facto*) 행동의 도덕성을 평가하는 입장 속에서만 존재한다. 이는 역사를 쓸 때나 도움이 될 수 있는 것이지, 인생에서는 그렇게 도움이 되지 못한다."

"*ipso facto*"라는 표현은 "저 사실에 의해"를 의미하고, 한 사실이 다른 사건의 현존을 위한 충분조건이라는 것을 가리키기 위해 사용된다. 예: "덕 있는 사람으로서 취급받는 작인은 그렇게 행동하려 했을 것이고 그 사실에 의해(*ipso facto*) 도덕적으로 올바른 것을 하였다."

"*magnum opus*"라는 표현은 "위대한 작품"을 의미하고, 한 저자의 최고의 성취를 지칭하기 위해 사용된다. 예: "『명백히 하기(*Making It Explicit*)』, 로버트 브랜덤(Robert Brandom)의 **위대한 저작**(*magnum opus*)은 그의 추론 이론이 칸트적 기원을 가진다는 것을 설명한다."

"*modus operandi*"라는 표현은 "작용 양식"을 의미하고, 한 사람의 전형적인 실천을 지칭하기 위해 사용된다. 예: "수동성은 자극적인 **작용 양식**(*modus operandi*)이 될 수 있다 — 제국과 간디를 고려하라(Nash 1948)."

"*mutatis mutandis*"라는 표현은 "변경될 필요가 있는 것들을 변경시켜"를 의미한다. 그것은 비록 새로운 목표에 적합하기 위해 설명의 표현에 어떤 변화들이 이루어져야 할지라도, 당신이 한 현상을 위해 제시한 하나의 설명이 또 다른 현상 역시 설명할 수 있을 것이라는 것을 가리키기 위해 사용된다. 예: 에체멘디(Etchemendy)에 의해 제공된 모델-이론적 의미론에 대한 비판은, **필요한 변경을 가하여**(*mutatis mutandis*), 논리적 형식 덕분에 타당한 논증에 관한 어떠한 논리 이론에도 적용된다.

"*pace*"라는 표현은 누군가가 (어쩌면 당신이) 다른 누군가에게 불일치하는 것을 가리키기 위해 사용된다. 예: 밀(Mill)에 **반대하여**(**에게는 실례지만**, *pace*), 나는 한 행동이 최대 다수의 최대 행복을 산출하더라도 여전히 도덕적으로 잘못될 수 있다는 것을 논증하겠다.

"*passim*"이라는 표현은 "도처에"를 의미하고, 보통 특정한 관념이나 단어가 인용된 텍스트 안의 여러 곳에 나타나서 세세한 인용이 지루해진다는 것을 가리킬 때 보인다.

"*per se*"라는 표현은 "본질적으로" 혹은 때때로 "그 자체로"라는 의미에서 "그와 같은"을 의미한다. 그것은 어떤 것이 다른 어떤 사실들 때문이 아니라 오로지 **바로 그것인** 덕분에 한 속성을 가진다는 것을 가리키기 위해 사용된다. 예 1: "자기-모순적인 진술은 **본질적으로**(*per se*) 거짓이다." 예 2: "인과적 연관은 결코 **그 자체의**(*per se*) 의미에 의해 파악될 수 없다."

"*prima facie*"라는 표현은 "그것의 표면에 근거하여"를 의미하고, 어떤 것이, 더 나아간 고려 혹은 추가적인 증거가 그것이 그렇지 않다는 것을 보여 줄지라도, 처음에는 어떤 속성을 가진 것처럼 보인다는 것을 가리키기 위해 사용된다. 예: "비록 무고한 사람을 죽이는 것이, 어쨌든 핵에 의한 대학살을 막는다면 그것이 도덕적으로 허용될 수 있을 것이라고 몇몇 사람들이 논증할지라도, 그것은 **겉보기에**(*prima facie*) 비도덕적이다."

"*qua*"라는 표현은 "으로 간주된"을 의미하고, 어떤 것이 이러저러한 종류의 사물로서 그것의 특정한 능력 안에서 한 속성을 가지고 있는 것을 가리키기 위해 사용된다. 예: "누구나 철학자로서(*qua*) 개념을 설명하고 참여를 정당화하는 데 관심을 가진다."

"*sine qua non*"는 "필수불가결한 어떤 것", 문자 그대로 "그것이 아닐 수 없는"을 의미한다. 예: "한 사람이 한 문장을 이해한다면, 그 또는 그녀가 무엇을 아는지를 설명하는 것은 충분한 의미 이론**에 필수불가결한 것**(*sine qua non*)이다."

"*sui generis*"라는 표현은 고유하고 환원 불가능한 의미에서 "그와 같은 종류의"라는 것을 의미한다. 예: "의식은 신경 생리학만을 배타적으로 연구함으로써 얻어진 마음의 설명으로부터 제거될 수 없는 **독자적인**(*sui generis*) 속성이다."

✒ 20 대명사의 일관된 사용

만일 당신이 "한 사람…,"이라고 말한다면, 주어를 지칭하기 위해 "그들"이 아니라 "그 또는 그녀"라고 써라. "그들"은 복수 대명사이다. 만일 당신이 "누군가(One) …을 주장할 수 있다"라고 쓴다면, "그들은 틀릴 것이다"라고 말하지 말고 "누군가는 틀릴 것이다"라고 말하라. 나는 논문에서 "누군가" 다음에 동일한 주어를 지칭하기 위해 "그/그녀" 그리고 "그들"이라고 사용된 몇몇 문장들과 마주친 적이 있다. 이는 어리석고 혼란스럽다. 일관되게 하라. "그 또는 그녀"가 적절할 때 "그들"을 사용하는 동기는 보다 적은 수의 단어를 사용하면서 성 중립적인 입장에 머물려는 것이다. 물론 성 차별주의의 언어는 절대 사용해서는 안 된다. 그러나 그것을 피하기 위해 혼란스러운 방식으로 단순하게 쓸 필요는 없다.

✒ 21 문법적 잘못들

대체로 철학자들은 문법적 정확함에 과도하게 매달리지 않는 경향이 있다. 문장을 전치사로 마치는 것("칸트의 윤리학은 내가 초점을 **맞출** 논제이다. Kant's ethics is the topic that I will focus *on*.")과 부정사를 나누는 것("상대론을 정합적으로 **논증하는** 것은 불가능하다. It is impossible *to* coherently *argue* for relativism.")은 실수일 테고 아마도 피해야만 할 것들이다. 그러나 그것들은 이러한 실수들이 문장의 평범한 의미에 영향을 끼친 매우 드문 경우들이다. 때때로 어떤 저자는 전치사로 마치지 않기 위해 문장을 뒤집어 놓아서 그 문장의 의미를 모호하게 만든다. 이러한 습관의 가장 유명한 놀림감은 윈스턴 처칠(Winston Churchill)이 "내가 참으려 하지 않는(up with which I will not put)" 중요한 것이라고 말했

을 때의 그러한 왜곡된 작문이다. 명백히 이것은 어리석다. 문법은 의미
있는 표현을 용이하게 해 주는 규칙들의 체계이다. 만일 당신이 문법의
규칙을 따르기 위해 명확한 의미를 저버린다면, 당신은 실제로 문법의
핵심을 놓쳤다.

그럼에도 불구하고, 철학자들이 표현의 명확성과 정확성을 매우 높이
칭찬하는 것을 고려한다면, 당신이 당신 설명의 의미심장함으로부터 주
의를 딴 데로 돌리는 문법적 잘못들을 피하는 것은 중요하다. 때때로 그
렇지 않았을 때, 신경을 쓰지 않는 학생으로부터 제출된 논문은 동사가
없는 문장을 포함하고 있다. 절대로 당신이 쓴 작품 안에서 독자가 당신
의 문식성을 의심하게끔 만드는 실수가 남아 있게 하지 마라. 다른 논문
들은 다음과 같은 문장들을 포함한다. "칸트는 프러시아인인 철학자이다
(Kant is a philosopher who are Prussian)."〔위의 문장은 관계사 절의 동
사의 수가 잘못된 아주 초보적인 문법적 잘못이다_옮긴이〕" **이러한** 종류
의 문법적 실수들은 당신 독자의 인내심을 소진시킬 것이고, 당신 점수
에 영향을 미칠 것이다.

✒ 22 용어 사용하기 대(對) 용어 언급하기

때때로 우리는 한 속성을 한 사물에 귀속시키기를 원하고, 때때로 한 속
성을 저 사물을 지시하는 그 단어(들)에 귀속시키기를 원한다. 자연스럽
게 대상들과 그것들을 지칭하는 단어들은 다른 속성들을 가진다. 예를
들어, "말(horse)"이라는 단어는 네 개의 다리가 아니라 다섯 개의 문자
를 가지는 반면에, 경마 대회(Belmont Stakes)에서 우승한 말은 다섯 개
의 문자가 아니라 네 개의 다리를 가진다. 어떤 철학자들 ― 예를 들어,
콰인(W. V. Quine)³ ― 은 철학의 역사에서 단어들의 속성들과 대상들

의 속성들을 구별하는 데 실패함으로써 중요한 실수가 만들어졌다고 생각한다. 왜냐하면 어떤 속성들은, 비록 그것이 **대상 자체**에는 필수적인 특징이 아닐지라도 **우리가 대상을 어떻게 지칭하는지**에 관한 필수적인 특징일 수 있기 때문이다.

대상을 지칭하기 위해 용어를 **사용하는 것**과 단어 자체에 관해 말하기 위해 그 단어를 **언급하는 것** 간의 구별이 왜 중요한 것인지를 설명하는 것은 우리를 너무 멀리 떨어진 곳으로 데려갈 것이다. 그래서 당신이 다음과 같은 방식으로 사용/언급의 구별을 준수함으로써 당신 자신을 형이상학과 지칭 이론에 나타난 어려운 문제들에 얽히게 하는 것을 피할 수 있다는 점을 말하는 것으로 충분하다. 만일 당신이 한 단어를 지칭하기 위해(예를 들어, 그 단어가 한 속성을 가진다는 것을 언급하기 위해) 그 단어를 언급한다면, 그 단어 주변에 인용 부호를 쳐라. 만일 당신이 한 단어의 통상적인 기능을 수행하기 위해 그 단어를 사용하고 있는 중이라면, 그것을 일상적으로 써라. 당신은 "말들(horses)"은 여섯 개의 문자를 가지고 있는 반면에, 말들은 (각각) 네 개의 다리를 가진다고 쓰기를 원하게 될 것이다.

(개념을 명명하는 단어들과 달리) 개념을 지칭하는 것은 보다 교묘한 문제이다. 클린턴 대통령이 "자유가 확장되고 있다. 역사상 처음으로 전 세계인들의 절반 이상이 그들 자신의 지도자들을 선거로 선출한다"라고 말했을 때, 그는 자유 — 자기 결단을 위한 개인의 능력 — 를 지칭하고 있는 중이었다(Clinton 1999)." 하지만 "자유는 진리와 관계된다"와 같은 진술은 다음의 두 가지 중 하나를 의미할 수 있다. (a) 자유의 개념은,

---

>3 콰인(Quine, 1908-2000)은 20세기의 가장 중요한 미국 철학자들 가운데 한 사람이다. 학생들은 언어 철학, 논리학, 수학, 인식론, 형이상학 혹은 분석 철학에 관한 교과 과정들에서 그의 에세이들과 조우하게 될 것이라고 기대할 수 있다.

그것이 진리의 개념에 대해 담지하는 어떤 논리적 관계 때문에, 그것이 가진 어떠한 내용이든지 그것을 가질 것이다. 혹은 (b) 만일 저 개인들에게 진리에 근접하는 것이 주어질 수 없다면, 개인들을 위한 실제 세계의 자유는 없다. 저자가 사태가 아니라 그 개념을 지칭하고 있다는 것을 가리키는 그 또는 그녀의 한 가지 방식은 인용 부호 안에 혹은 이탤릭체로 그 단어를 쓰는 것일 것이다. 개념이 포착하는 현상으로부터 개념을 구별하기 위해 개념을 지칭하는 단어를 인용 부호 안에 혹은 이탤릭체로 쓰는 것이 항상 유용한 것은 아니다. 왜냐하면 보통은 개념이 논의되고 있는 중인지 혹은 현상이 논의되고 있는 중인지가 맥락상 명확하기 때문이다. 그러나 만일 어떠한 혼란의 위험이라도 있다면, 인용 부호 안에 혹은 이탤릭체로 개념을 나타내는 단어를 적어라.

✒ 23 인용 내에서 텍스트를 편집하거나 추가하는 방법

만일 당신이, "내가 있나, 나는 존재한다는 이 명제는 그것이 나에 의해 두드러지거나 내 마음속에 인식될 때마다 필연적으로 참이다(〔1641〕 1985: 17)"라고 말한 데카르트의 주장에 관해 쓰고 있다고 가정해 보라. 이 명제는 보통 "나는 생각한다. 따라서, 나는 존재한다"로 주해되고, "코기토(*cogito*)"라고 이름 붙여졌다. 만일 당신이 "데카르트는 그가 '그것이(it) 나에 의해 두드러지거나 내 마음속에 인식될 때마다' 라는 명제를 필연적으로 참인 것으로 확인할 수 있다고 논증했다"라고 쓰고자 한다면, 그것은 혼란스러울 것이다. 당신의 독자는 **무엇이 두드러질 때 마다인가?**라고 질문하지 않을 수 없을 것이다. 문제는 단어 "그것이(it)"이 새로운 문맥에서 그것의 지시 대상을 상실한 것이다. 원래의 텍스트에서 "그것이(it)"은 코기토를 지칭한다. 혼란은 단어 "그것이(it)"을 괄호로 묶은 부연인 "[코기토]"로 대체함으로써 쉽게 고쳐진다. 따라서 그 문장은 "그것이 두드러질 때마다…"라고 읽히는 대신에, "[코기토]가 두드러질 때마다…"라고 읽힐 것이다. 인용 내에서 각 괄호 부호를 사용하는 것은 독자에게 괄호 부호 안에 나타나는 텍스트가 당신에 의해 보충되었고 당신이 인용한 필자에 의해 보충된 것은 아니라는 것을 말해 준다. 그럼에도 불구하고 텍스트에 첨가하는 각 괄호 부호를 사용하는 것은 부연된 것이 대체된 단어의 온전한 의미에 대한 정확한 표현에 불과하다는 것을 함축한다.

당신이 인용된 텍스트를 바꿀 때에는 언제나 그 변경을 알릴 필요가 있다. 만일 당신이 어떤 것을 잘라 낸다면, 생략 부호(즉, "…")를 사용하라. 만일 당신이 어떤 단어나 구를 강조하기 위해 이탤릭을 첨가한다면, 텍스트나 쪽수를 인용한 후에, 삽입한 것 안에 "강조는 추가(emphasis added)"라고 써라. 당신이 텍스트를 변경할 때마다 그 구절의 의미를 바꾸지 않았는지 혹은 당신의 목적에 맞추어 부적절하게 윤색하였는지에 주의하라. 이것은 당신의 논문과 점수를 망가뜨리는 심각한 실수이다. 더욱 중요한 점은 문맥이 다른 어떤 것을 의미한다고 가리키는 데 한 구절이 그것을 말한다고 표현하는 것은 지적으로 정직하지 못하다는 것이다.

때때로 당신이 인용하고 있는 텍스트는 작문 혹은 인쇄상의 실수를 포함한다. 당신의 교과 과정들 중 하나에서의 일반적 논문의 경우, 만일 텍스트의 실수가 단지 인쇄상의 실수라면, 당신은 텍스트의 실수를 바로잡고 그 실수와 당신의 수정을 설명하는 주석을 첨가할 수 있을 것이다. 하지만 만일 당신의 논문이 보다 형식적인 것이라면 — 만일 그것이 학술적인 것으로 기획되었거나 출판될 예정이라면 — , 당신 생각에 작문, 편집 등의 실수인 것은 무엇이든지 [sic]이라는 기호를 삽입하라. 하지만 그 실수를 제거하지는 마라. "sic"은 라틴어로 "이렇게(thus)"를 의미한

다. 그것은 독자에게 원래의 텍스트는 **이렇게** 읽히는데, 그 잘못의 원인
은 당신이 아니라는 것을 말해 준다. 당신은 주석에서 독자에게 당신이
생각하기에 그 텍스트가 어떻게 읽혀야 하는지를 그 구절에 대한 당신의
설명을 통해 말할 수 있다. 때때로 주석가들(특히 분개하는 비평가들)은
그들이 분통 터진다고 여기는 한 진술 혹은 단어를 선택한 이후에
〔"sic!"〕을 삽입하려 할 것이다. 그러나 학생들은 그러한 언동을 삼가는
것이 좋다.

3.2 내용의 요소

✐ 24 단지 수사적이기만 한 것을 피하라: 철학은 웅변술이 아니다

철학 논문을 쓰는 것은 주의 깊고, 인내하는, 그리고 책임감 있는 사고와
설명을 요구한다. 가장 최근의 논쟁의 장에서 이러한 덕목들 중 어떠한
것도 상을 받거나 발전되지 않았다. 오늘날 논쟁은 화자 자신의 지식으
로부터 나온 진정한 통찰보다는 화려한 예들 혹은 주의를 환기시키는 언
어(즉 "선정적 산문"으로 비난하여 지칭되는 것)에 더 의존하는 경향이
있다.

플라톤은 사람들을 설득하기 위해 자신이 실제로 지식을 가지고 있지
않은 문제들에 수사학을 채용한 소피스트들을 비난하였다(1997a: 464b
-466a). 어떤 제안된 입법의 **정의**(正義)가 문제시되는 주제에 관해 말하
고 있는 소피스트를 가정해 보라. 소피스트 자신은 정부에 관한 지식을
가지고 있지 않기 때문에 그는 그 입법이 왜 정의로운지(혹은 아닌지)를
설명할 수 없다. 대신에, 그 소피스트는 보통 청중의 편견에 영합하여 정
의로운 것 같은 것을 표현하려고만 할 것이다(1997b: 439a). 말하자면,

단순한 수사학은 저자가 설득력 있는 논증을 통해 **설명**할 수 없을 때 **설
득**을 하기 위해 사용된다. 플라톤이 그것의 진리를 설명할 수 없는 결론
을 밀어내는 수사학을 사람들이 사용하는 것이 왜 부정확할 뿐만 아니라
부도덕하다고 생각했는지를 고려하는 것이 중요하다.

칸트는 그가 그의 『윤리학 강의(*Lectures on Ethics*)』에서 "솔직함에 맞
서서 타협하는 것은 무엇이든지 인간의 존엄성을 낮춘다(1980: 231; 콜
스가드(Korsgaard)에서 인용됨 1996: 142)"라고 썼을 때, 이와 관련된
견해를 표현하였다. 그리고 조지 오웰(George Owell)은 『정치학과 영국
의 언어(*Politics and the English Language*)』에서 다음과 같이 썼다: "명확
한 언어의 가장 큰 적은 신실하지 못한 것이다. 누군가의 실재적 목적과
선언된 목적 간에 간격이 있을 때, 그 누군가는 본능적으로 잉크를 짜내
는 오징어처럼 긴 단어들과 진부한 관용들로 … 돌아선다(1953: 167)."
독자를 매혹시키는 것과 달리, 철학 논문에서 단순히 수사학만을 사용하
는 것 — 즉 명확하고 솔직한 진리의 드러냄보다는 어떤 목적을 가진 어
떠한 단어를 사용하는 어떠한 것도 — 은 당신의 독자가 정당하게 당신
의 작품에 적대감을 갖게 만들 것이다.

철학자들은 우리가 현안 문제를 합리적으로 고려하는 한에서 우리의
신념에 관해 주장하는 설명과 논증을 제공하기를 원한다. 글쓰기와 말하
기에서는 웅변과 우아함을 위해 중요하지만 간과되는 곳이 있다. 그러나
만일 선택을 해야 한다면, 철학자는 언제나 정서적 혹은 미적 호소보다
는 논리적 엄격함과 명확성을 취할 것이다. 짐작건대, 우리가 합리적이
되고자 하는 한, 우리는 타당한 논증과 주의 깊은 설명에 높은 지위를 부
여하지 않을 수 없다.

합리적 자율성을 위한 보다 강한 주장이 이루어질 수 있다. 내가 특정
한 논제에 관해 주장하고 있고, 당신은 이미 나에게 동의하지 않는다고

가정해 보라. 합리적 자율성을 옹호한다는 것은, 만일 내가 당신에게 당신이 그것을 믿을 좋은 전제와 나의 논제를 논리적으로 강하게 지지하는 논증을 제안하지 않는다면, 당신은 내가 말하고 있는 것을 받아들이지 **않을** 의무를 가진다고 말하는 것이다. 이러한 의무는, 부분적으로, 탐구의 맥락 속에 있는 우리의 서로에 대한 의무로부터 나온다. 나의 논제가 올바르다고 생각하는 데 있어 내가 잘못일 수 있다. 예를 들어, 나는 거짓된 전제를 믿거나 논리적으로 따라 나오지 않는 결론을 도출할 수 있다. 자, 만일 당신이 가장 높은 기준의 증거, 입증, 그리고 증명에 나를 붙잡아 두는 데 실패한다면, 부적절한 견해는 우리가 생각하고 행동하는 방법에 계속 영향을 미칠 것이다. 그리고 만일 당신이 비판적 탐구의 엄격함을 통하지 않고 나의 논제를 받아들인다면, 당신의 믿음은 덜 합리적이 될 뿐만 아니라, 그것을 실천함으로써 우리를 인간으로 만드는 능력들 가운데 하나를 방관하도록 만드는 것이다.

✒ 25 5등급 단어의 사용을 피하라

비록 많은 학생들이 대학 입학시험을 위해 5등급 단어[어려운 단어_옮긴이]를 획득하는 데 과도한 시간을 썼을지라도, 그러한 단어들을 철학 논문에서 사용해서는 안 된다. 만일 당신이 말하고자 의도한 것을 위한 완벽한 단어를 발견했다고 확신한다면, 반드시 그것을 사용하라. 하지만 당신은 언제나 당신의 쟁점을 가능한 직접적으로 그리고 접근 가능하게 만들려고 노력해야 한다.

　사회의 다른 곳에서, 인상적인 어휘를 보여 주는 것은 사람들에게 당신이 훌륭한 학교에 다녔다(혹은 훌륭한 학교에 다녔던 누군가처럼 보이기를 매우 많이 원한다)는 것을 말해 주는 한 가지 방식이다. 철학자들은 이 모든 것에 거의 신경을 쓸 수 없을 것이다. 우리는 모든 참여자들이 그들의 졸업 증명서와 관계없이 그들의 견해를 가질 권리를 동등하게 부여받는다는 가정을 가지고서 대화를 시작해야 행복하다. 우리 모두 한 사람이 중요한 문제를 설명하는 통찰력 있는 어떤 것을 말할 수 있는지 없는지에 관해서 신경을 쓴다. 통찰을 보여 주는 것과 5등급 단어를 사용하는 것은 수필가들과 전문가들의 일부를 제외하고 보통 함께 진행되는 활동들이 아니다.

그럼에도 불구하고 접근 가능하고 직접적인 것은 조야한 것과 동일한 것이 아니다. 때때로 흔하지 않은 단어가 당신이 말하고자 하는 것을 더 적절하게 잘 표현하는 경향이 있다. 따라서 어휘를 늘리는 것은 당신의 마음을 정확하고 기교 있게 표현하는 것을 가능하게 해 준다. 하지만 당신이 당신의 논증을 발전시킬 인용 혹은 사실만을 포함해야 하는 것처럼, 당신은 당신의 제재와 전략에 적합한 용어와 표현만을 사용해야 한다. 철학적 청중은 당신이 한 진술, 당신이 사용한 비유, 당신이 끌어낸 비교에 의해 함축된 **모든 것**을 이해하기 위해, 당신의 용어법을 풀려고 애쓸 것이다. 불행하게도 인상적인 용어를 도움이 되지 않거나 주의를 산만하게 하는 것과 연관하여 함께 사용하는 것은 그렇지 않았다면 전도양양했을 논문을 탈선시킬 수 있다.

🖋 26 문어적 담화에서의 정밀성의 기준

철학자들은 단순한 족속이므로 평범한 언어를 사용하도록 노력하라. 백과사전을 사용하는 것은 거의 언제나 부정확한 언어의 선택을 결과한다. 왜냐하면 사람들은 전형적으로 단어들이 정확히 의미하는 것보다 그것들이 어떻게 들리는지에 근거하여 이끌리기 때문이다. 언어적 정확성에 기여하기 위해 『옥스퍼드 영어사전(*Oxford English Dictionary*)』(대부분의 학자들이 사용하는 것)을 사라. 그리고 단어들이 의미한다고 당신이 생각하는 것을 그것들이 실제로 의미하는지를 확인하기 위해 당신이 사용할 경향이 있는 임의의 두드러진 단어들을 찾아보아라.

예를 들어 보자, "플라톤은 …라고 공언한다(proclaim)." 만일 내가 『옥스퍼드 영어사전』에서 인용하면 다음과 같다. "공언하다: 특히 공공 장소에서 입으로 (어떤 것, 저것)에 관해 공식적으로 알리다, 관리나 기관이 그것을 행하도록 야기하다, 널리 그리고 공적으로 알려지도록 야기하다. (저것을) 공적으로 선언하다(Brown 1993: 2365)." 자, 당신 스스로에게 물어보라. 플라톤이 실제로 공식적으로 그리고 공적으로 그의 견해를 알렸는가? (플라톤이 아니라) 소크라테스가 자주 (설명적 에세이가 아니라) 문학적 대화편들 속의 주인공이라는 사실은 이 진술이 단지 역사적 사실로서는 거짓인 것처럼 보이게 만드는 것 아닌가?

이 용어의 사용은 불필요하고 이상할 뿐만 아니라, 철학적 텍스트의 다양성을 위해 — 심원한 작품들(우리는 이러한 작품들의 거의 모든 것을 아리스토텔레스에게서 가질 수 있다), 이단적이고 정치적으로 위험한 견해들(스피노자가 쓴 거의 모든 것들), 그리고 필명을 가진 작품들(키르케고르) — 한 철학자가 그 또는 그녀의 견해를 "공언하다"라고 쓰는 것은 현실적으로 거짓된 역사적 진술을 결과할 것이다. 왜 단순히 다음과 같이 쓰지 않는가: "플라톤은 …라고 쓴다", "플라톤은 …라고 주장한다." 혹은 (아마도 이것이 더 나은데) "소크라테스는 …라고 논증한다." 철학에서 세계는 당신의 용어들에 대한 선택, 그것들의 의미, 그것들의 다른 용어들과의 추론 관계들에 매달려 있다. 어떠한 두 단어의 의미와 논리적 중요성도 다를 것이기에, 당신의 논증, 텍스트, 혹은 사실이 당신에게 말하도록 허용한 것을 당신이 **정확하게** 말하는 것이 중요하다.

✒ 27 "…라는 것은 분명하다"와 같은 표현들에 관해

"…라는 것은 분명하다"라고 쓰지 마라. 이것은 단순한 수사일 뿐이다. 만일 그것이 그렇게 분명하다면, 아마도 당신은 그것에 관해 말하려고 하지 않을 것이다. 독자에게 어떤 것이 분명하다고 **말하는** 것이 아니라, 한 진술을 분명하게 **만드는** 것이 필자의 일이다.

당신이 결론 지시사들 — 독자에게 당신 추리의 선상이 다음의 진술을 결과한다는 것을 알리는 단어들 혹은 표현들 — 을 사용할 때마다 유사한 위험이 존재한다(위의 ✒10에서 알렸다). 당신의 논문에서 한 문단이 세 개의 문장으로 구성되어 있고, 첫 두 문장이 논증의 전제들이라면, 결론을 가진 마지막 세 번째 문장은 반드시 "…이 뒤따른다"와 같은 지시사로 시작하라, 그리고 나서 결론을 진술하라. 하지만 만일 당신이 당신의 독자에게 도출되는 진술을 받아들일 적절한 근거들을 주지 않은 채 "…이 뒤따른다"라고 쓴다면, 당신은 **결론적 진술**을 했으면서도 결론 지시사를 합법적으로 사용한 것이 아니다. (그것을) 앞서 있는 것에 의해 뒤이은 진술이 논리적으로 함축되지 않는 곳에서 "결론적으로 …" 혹은 "…이 뒤따른다"라고 쓰는 것은 단지 수사적일 뿐이다.

저자가 독자에게 결론을 받아들일 적절한 근거를 제공했는지 아닌지를 말하는 것이 때때로 어렵다는 것을 고려한다면, 당신은 단순히 진술하기보다 당신이 한 추론들(그리고 당신이 독자에게 추론하도록 강요한 것들)에 대한 설명을 제공해야만 한다. 만일 당신의 전제들이 논리적으로 당신의 결론을 함축한다면, 우리에게 왜 그 전제들이 참일 때마다 그 결론이 참이어야 하는지를 보여 주어라. 만일 당신이 결론적 진술들을 피하고 당신의 추론들을 설명한다면, 그것은 독자에게 당신의 신뢰성을 고양시킬 것이다. 그렇게 하는 것은 당신이 어떤 이데올로기적 목적을 추구한다기보다 당신 독자의 지성을 존중한다는 것과, 당신 논문의 목적이 당신의 논증을 발전시키는 것임을 보여 준다.

28 분명한 지시 대상을 가진 정확한 용어를 사용하라

만일 당신이 (『세계 인권 선언(*Universal Declaration of Human Rights*)』 [1948]의 전문이 그러하듯이) "인간 종족"의 모든 구성원을 지칭한다면, 당신의 교사는 여백에 다음과 같이 쓸 것이다. "도대체 그것이 무엇이냐?" 그리고 아마도 "당신은 나에게 그러한 사물이 존재한다고 생각해야 할 어떤 근거라도 주었느냐?"라고 물어볼 것이다. 만일 당신이 종을 지칭하고자 한다면, 그것을 말하라. 만일 당신이 국제법을 따르는 국가들을 지칭하고자 한다면, 그것을 말하라. 만일 당신이 종교적 견해를 논의하고자 한다면, 그리고 당신이 신의 형상(그것이 의미하는 것은 제쳐 두고)으로 창조된 모든 것을 지칭하고자 한다면, 그것을 말하라. 철학에서는, **정확히** 그 용어가 지칭하기로 되어 있는 것이 불명확한 곳에서 부정확한 용어법을 사용함으로써, 당신의 독자를 지나쳐 이론적 미결정성으로 빠져나가는 것이 거의 불가능하다. 당신의 논문을 읽어 나가면서, 스스로에게 물어보아라: "영어를 사용할 수 있는 누구라도 여기서 내가 말하고자 하는 것에 관한 명확한 관념을 가질 수 있을까?" 만일 그 대답이 "아니오"라면, 다른 용어를 선택하거나 당신이 의미하는 것을 설명하라.

29 언제나 대조적인 용어를 찾아라

"좋은 덕"과 같은 표현과 마주친 독자는 그 또는 그녀 자신에게 물어보는 것이 좋다. "**나쁜** 덕에 반대되는 것으로서?" "좋은"이라는 단어는 여기서 아무것도 추가해 주지 않는다. 왜냐하면 그것은 아무것도 배제하지 않기 때문이다. 덕의 집합과 좋은 덕의 집합은 동일한 집합이다. 만일 당신이 사용했던 용어와 대조된 것을 생각할 수 없다면, 그것은 아마도 아무것도 의미하지 않을 것이므로 당신은 다른 용어를 선택해야만 한다.

✒ 30 미심쩍은 작인을 경계하라

"자연권은 시민의 복지를 보호한다"와 같은 문장은 이상한 주장이다. 구체적이라기보다 추상적인 대상이 어떤 것을 한다. 오히려 정부가 자연권을 보호할 때, 이것에 의해 시민의 복지가 보호된다는 것 아닌가? 구체적인 어떤 것을 말할 때의 다음 단계는 정부가 자연권을 보호한다는 것이 무엇을 의미하는지를 자세히 말하는 것이다. 그래야 당신은 내가 이것을 가지고 어디로 향해 가는지를 이해한다. 당신은 당신이 **암묵적으로** 행하고 있는 주장을 할 때조차도 참여를 하고 있다는 점을 확실히 하라.

3.3 실질적 충고

✒ 31 교사를 절대 인용하지 마라

하나의 해석은 오직 그것이 텍스트에 적절할 때에만 정당화된다. 따라서 교사가 아리스토텔레스는 어떤 페이지에서 이러저러한 것을 의미한다고 주장했다는 사실은 한 논문에서 그 자체로 어떠한 비중도 차지하지 않는다. 아마도 교사는 많은 구절들에 의해 지지되고 그것들로부터 의미를 얻은 해석을 발전시켰을 것이다. 그래서 아리스토텔레스가 의미했던 것에 관한 그 주장은 그러한 해석적 작업에 의해 지지되었던 것이다. 당신은 당신의 논문에서 동일한 종류의 해석적 작업을 할 필요가 있다.

또한 교사들은 그들의 강의가 학생들의 논문에 "인용될" 때 자신을 거의 알아차리지 못한다. 당신이 "교수 Z가 수업 시간 중에 …을 말했다"라고 쓴다면, 그 교수는 (만일 당신이 그 또는 그녀를 이해하지 않았다면) "글쎄, 저 학생은 틀림없이 …을 듣지 않았다"라고 생각하거나, (만일 당신이 이해했다면) "그 학생은 왜 자신의 힘으로 논증하고 해석하지 않을까"라고 생각할 것이다. 당신은 실제로 얻을 것이 없다. 당신 교사의 강의를 어떤 논쟁에 관한 논평과 기여로서 간주하라. 그것들은 **당신 자신의** 독서와 연구를 이끄는 것을 도와야 한다. 그리고 당신이 제출하는 논문은 **당신 자신의** 독서와 연구에 의해 지지되는 논제를 논증해야 한다.

✒ 32 사전을 절대 인용하지 마라

철학자들은 "의무"의 정의(定義)에 대해 『웹스터 영어사전(*Webster's English Dictionary*)』혹은 심지어 『옥스퍼드 영어사전』이 무엇을 가지고 있는지 신경 쓰지 않는다. 만일 당신이 칸트에 관해 쓰고 있다면, 우리는 칸트가 "의무"로서 의미했던 것을 알기를 원한다. 만일 당신이 칸트의 정의를 『웹스터 영어사전』의 정의로 대체한다면, 당신은 칸트의 견해를 왜곡시키면서 글을 끝맺게 될 것이다.

사전들은 한 단어가 어떤 언어적 공동체에서 현재 가지고 있는 의미를 기록한다. 그것들은 그것 이상의 더 큰 권위를 가지지 않는다. 만일 칸트가 『웹스터 영어사전』의 정의 내에 있지 않은 어떤 것을 의미했다면, 이것이 칸트가 잘못이라거나 중요한 것을 빠뜨렸다는 것을 의미하지 않는다. 철학자들은 때때로 우리에게 우리가 채택한 용어들이 어떻게 다른 용어들과 연관되는지를 보여 줌으로써 우리가 그것들을 더 잘 이해하도

록 돕는다 ─ 때때로 그것은 한 용어가 그것이 포착하기로 되어 있는 현
상에 부적절하다는 것을 보여 준다. 때때로 그것은 우리에게 한 용어가
전개되거나 모호해지거나 흡수되는 것을 보여 준다. 만일 당신이 단순히
사전이 의미하고 있는 "의무"가 무엇인지에 만족한다면, 당신은 그 용어
로써 당신의 이웃들이 의미하는 것을 알 뿐이지, 보다 지성적이거나, 역
사적이거나, 혹은 도덕적으로 중요한 어떤 것을 아는 것은 아니다.

3.4 빈번하게 오용되는 몇 가지 용어

✑ 33 철학 대(對) 견해 대(對) 의견

의견은, 만일 그것이 도전받는다면, 누군가가 다른 누군가에게 정당화할
준비가 되어 있지 않은 믿음이다. 나는 바흐의 첼로 소나타가 아주 멋지
다고 생각한다. 그러나 만일 당신이 그렇지 않다면, 물론 취향은 제각각
이다(라고 나 자신에게 말할지도 모르겠다). 그러나 또한 나는 논리적 귀
결에 관한 표준적 설명이 부적절하다고 생각한다. 자, 나는 이 **믿음**을 정
당화할 준비를 한다. 그리고 사실 나의 학위 논문에서 그것을 상세히 옹
호했다. 간단히 말해, 논리적 귀결에 관한 표준적 설명이 잘못이라는 것
은 나의 **의견**이 아니다. 그것은 나의 **견해**라고 말하는 것이 더욱 정확하
다. 혹은 만일 나의 견해가 대안적 설명의 일부라면, 그것을 나의 **설명**이
라고 부를 수 있을 것이다. 이것은 견해가 주관적 사물에 속한다거나 그
또는 그녀가 옳을 때에만 견해를 주장할 수 있다고 말하는 것이 아니다.
뚜렷한 특징은 한 사람이 근거에 반응하는 그 또는 그녀의 참여를 행하
는 수고를 했는가 하는 것이다. 이와는 달리, 비록 내가 논리적 귀결에
관한 견해를 가지고 있다고 할지라도, 내가 논리에 관한 하나의 **철학**을

발전시켰다고 말하는 것은 부정확할 것이다. 나는 논리에 관한 주요 질문들에 관한 잘 추리된, 상호 정합적인, 그리고 유사하게 동기화된, 그리고 유사하게 정당화된 견해의 상대적으로 광범위한 체계를 가지고 있지 않기 때문에 그렇게 하지는 못했던 것이다.

✎ 34 개념 대(對) 개념화

보통 철학자들은 "개념"이라는 용어를 사용할 때, 우리가 생각하는 것의 관점에서 그것이 무엇이든지 그것을 단순히 지칭한다. 우리는 사물에 **관해** 생각한다. 그리고 정신적 표상 혹은 그것을 행하기 위해 우리가 사용하는 정신적 범주는 무엇이든지 "개념"이라고 불린다. 개념에 관한 심리 철학의 풍부한 문헌들이 있다 — 그것들이 무엇인지, 그것들이 뇌의 물리적 현상에 어떻게 맞아 들어가는지, 그것들이 어떻게 명제 혹은 단어와 같은 언어적 단위와 관련되는지 — . 그러나 (철학자들을 포함한) 우리 모두 심리 철학에서 경합하는 질문들에 관해 필연적으로 한 입장을 취하려고 의도하지 않은 채 개념에 관해 말한다. 우리는 개념이 집어내는 실제 세계의 현상보다 개념 — 예를 들어, 엄마이거나 엄마였던 어떤 구체적인 여성보다는 "엄마"의 개념 — 에 초점을 맞출 때, 우리는 기준이 되는 질문들을 하기 위해(누가 엄마로서 간주되고 왜 그런가?), 혹은 그 개념에 의해 어떤 다른 속성들이 논리적으로 함축되는지를 탐구하기 위해(일부의 여성들은 단지 엄마이기에 특별한 도덕적 의무를 가지는가?) 자주 그렇게 한다.

개념화는 개념의 결과물이다. 말하자면, 철학자들은 한 개념이 주어진 맥락에서 어떻게 적절하게 적용되는지에 관한 설명을 지칭하기 위해 "개념화"라는 단어를 사용한다. 지식의 **개념**은 우리가 어떻게 누군가의 증언에 근거하여 어떤 것을 알게 될 수 있는지에 관한 **개념화**로 발전될 수 있다. 그러한 개념화는, 만일 목격자가 자신이 보고한 명제를 알기만 한다면, 자신의 증언이 다른 사람들을 위한 지식을 불러일으킨다고 주장될 수 있을 것이다. 그래서 우리는 그 명제를 이해하고, 우리는 그 정보가 그 목격자에 의해 신뢰할 만하게 수행되었다는 것을 안다. 그러한 설명을 발전시킨 철학자는 증언의 인식론에 관한 지식의 **개념화**에 기여한다. 개념화는 개념으로부터 형성되고, 개념은 개념이 발전되고 적용되는 개념화 내의 그것의 장소로부터 (적어도 부분적으로) 그것의 내용을 이끌어 낼 수 있다.>4

✐ 35 사고 대(對) 느낌

나는 사람들이 서로들 간에 충분히 친절하지 않다고 **느낀다**. 달리 말해 사람들이 비열한 것을 보는 것은 나를 **슬프게** 만든다. 나는 사람들이 변할 것이라고 **희망한다**. 나는 친절한 행동을 볼 때 **용기를 얻는다** 등. 정서는 놀랍고 중요한 것이다. 사실 (고등학교 선생님들이 당신에게 말씀하셨던 것과는 반대로) 학술적 작품에 당신의 정서를 쓰는 것은 적절하다. 하나의 받아들일 수 있는 "느끼다"의 용례는 누군가 다음과 같이 쓸 때이다 — "나는 이러저러한 것이 중요하다고 느낀다. 왜냐하면 …" 더 나아가 철학자들은 (좋건 나쁘건) 관례적으로 그럴듯한 개념을 시험하기 위해 우리의 "직관"에 호소한다. 그리고 특히 가치 판단이 문제시될 때, 정서가 우리 직관의 집합에 대한 좋은 입장의 한 구성원으로서 고려되어서

>4   나는 앞선 논의가 본질적으로 『법의 제국(*Law's Empire*)』(1986: 70-1)에서의 개념과 개념화의 구별에 대한 로널드 드워킨(Ronald Dworkin)의 설명과 일치한다고 생각한다. 비록 나는 "추상의 다양한 수준" 간의 차이에 대해서는 동의하지 않지만 말이다.

는 왜 안 되는지에 관한 좋은 근거는 없다.

그럼에도 불구하고, "나는 플라톤의 형이상학이 예측과 존재 명제들에 대한 적절한 설명을 제공한다고 **느낀다**"라고 말하는 것은 잘못이다. 나는 어떠한 방식으로도 그것에 관한 느낌을 가지고 있지 않다. 나는 그것에 관한 생각을 **가지고 있다**. 왜냐하면 미첼 프레드(Michael Frede)**>5**가 그것에 관해 썼고, 내가 그의 작품의 일부를 읽었기 때문이다. 나는 그것을 약간은 **이해하고** 있지만 완전히 이해하고 있지는 않다. 나는 몇몇 논증들을 **따르고** 있지만 모든 논증을 따르는 것은 아니다. 플라톤의 형이상학에 속하는, 나에게 일어나는 정신적 사건들은 전적으로 **인지적** 사건들이다. 그것들 중 단 하나도 정서가 아니다.**>6** 예를 들어 우리가 철학 논문에서 한 입장을 채택할 때 — 우리가 동의하는지 동의하지 않는지에 관해 보고하는 것은 설득되었거나 혹은 의심스러운 채 남아 있다 —, 우리는 인지적 사건을 보고한다. 따라서 우리가 가졌던 정신적 사건의 종류를 지칭하기 위해 적절한 동사를 사용하는 것에 유의하라.

36 진술 대(對) 논증

유일하게 선한 것이, 적절히 말해, 의무에 의해 지도되는 의지라고 하는 것은 칸트의 **논증**이 아니다. 이것은 (만일 내가 칸트를 올바르게 이해했다면) 칸트가 보장하고자 했던 진술이다. 그리고 그는 이것에 대한 논증

>5 프레드(Frede, 1940-2007)는 옥스퍼드 대학에서 철학사 주임 교수로서 가르쳤다. 그는 주로 고대와 헬레니즘 철학에 관해 글을 썼다.

>6 실제로 나는 플라톤에 관한 프레드의 작품에 관해 약간의 정서를 가지고 있다. 하지만 나의 후뇌가 프레드가 그토록 흥미로운 생각을 가지고 있어서 **행복하고** 내가 그만큼 똑똑하지 못해서 **좌절했다는** 사실에 흥미를 가질 수는 있지만, 철학 논문에서 이와 같은 것에 관해 말할 이유는 없다.

을 가지고 있다. 그러나 진술은 논증이 아니다. 논증은, 그것들 중 최소한 하나는 전제이고 그것들 중 최대한 하나는 결론인, 적어도 두 문장으로 구성된다. 그리고 전제는 그 결론을 참으로서 받아들이는 어떤 근거를 제공한다. 진술은 문장의 표현이다. 그것은 참 또는 거짓인 종류의 사물이지, 타당한 또는 부당한 종류의 사물이 아니다. 더 나아가 "칸트의 논증은 다음과 같다, 행복과 덕은 궁극적으로 공약 가능해서는 안 되는가?"라고 쓰는 것은 올바르지 않다. 칸트가 그 질문을 했을 수도 있고, 그것에 대한 대답으로 어떤 진술을 했을 수도 있으며 그 질문에 대한 논증을 주었을 수도 있다. 그러나 논증이 진술이 아니듯이, 그것은 확실히 질문이 아니다.

✒ 37 건전하다, 타당하다, 그리고 참이다

철학에서 **건전하다**라는 것은 참된 전제를 가진 타당한 **논증**이라는 것을 의미한다. 즉 견해들은 건전하지 않으며, 진술들도 그렇지 않다. 철학에서 **타당하다**라는 것은, 전제를 가진 논증이 만일 전제가 참이라면 결론의 참을 필연적으로 만드는 논증이라는 것을 의미한다. 철학에서 **참이다**라는 것은 — 글쎄, 실제로 이것에 관한 합의는 없다. 그것은 (만일 그것이 속성이라면) 사고, 명제, 문장 혹은 발화 중의 한 속성이다. 그리고 (단지 하나의 선택지를 언급하는 것인데) 만일 문장 혹은 사고가 사실을 올바르게 표상한다면, 그것들은 참이다.

4. 철학적 텍스트 설명하기

✎ 38 텍스트 전체로부터 의미를 구하라

만일 당신이 한 철학자의 텍스트의 어떤 부분을 해석하고 있는 중이라면, 당신은 그 텍스트의 나머지를 알고 있어야 한다. 그것은 당신이 그것에 관해 써야만 한다는 것을 의미하는 것은 아니다. 텍스트의 나머지 부분에 대한 당신의 앎 — 저자가 만든 다른 논증들, 저자가 불러일으킨 다른 전제들, 저자가 제공한 다른 비평들 — 은 당신이 당신 자신의 논증을 전개할 때 완전히 배경 속에 머무는 것이 당연하다. 하지만 여전히 당신의 논문에서 전개하고 옹호하려고 하는 **특정한** 구절에 대한 당신의 이해는 철학적 글쓰기의 한 정합적 작품으로서의 그 텍스트의 취지에 대한 당신의 **일반적** 이해와 일관되어야 한다.

　그럼에도 불구하고 당신은 한 철학자의 논문 혹은 책이 철학적 글쓰기의 한 정합적인 작품은 **아니라고** 생각할 수 있다. 그리고 당신이 옳을 수 있다. 이것은 결코 특별한 것이 아니다. 물론 당신은 우선 그 텍스트를 자비롭게 해석함으로써(✎3을 보라) 당신 자신을 만족시켜야 한다. 만일 그 텍스트의 평범한 언어가 당신으로 하여금 화해할 수 없는 긴장을 진단케 한다면, 단지 부정합성을 철학적 글쓰기의 한 작품에 단지 귀속시켜 두어라. 일단 당신이 그 텍스트에서 수행된 철학적 계획의 **일반적** 맥락 안에서 그것들이 **개별적**으로 의미한 것에 대한 보다 확고한 파악에 이르게 되면, 두 진술들 간의 외양상의 긴장은 때때로 사라진다.

철학을 할 때 명심해 두면 유용한 **해석학파**라고 불리는 것이 있다. 한 특정한 구절에 대한 당신의 이해는 당신의 전체 텍스트의 목적과 의미에 관한 앞선 가정 — 일부는 그것을 **선개념**(preconception)이라고 부른다 — 에 의존한다. 만일 당신이 텍스트 안에서 논증을 발견하는 것이 가능하다고 믿으면서 그 텍스트에 다가오지 않았다면, 한 진술을 하나의 **전제로서** 간주하는 것은 불가능할 것이다. 예를 들어, 아마도 당신은 시집의 한 행을 해석하려고 하지는 않을 것이다. 왜냐하면 시들은 논증이 아닌 경향이 있기 때문이다. 그리고 만일 우리가 보다 넓은 맥락 내에 그 문장을 자리 잡아 놓을 수 없다면, 일반적으로 우리는 주어진 진술에서 채택된 개념을 이해할 수 없다. 예를 들어, 만일 우리가 마음과 그것의 사실과의 관계에 대한 그 철학자의 견해에 깔려 있는 가정에 대한 **약간의** 이해를 가지고 있지 않다면, 우리는 어떤 구체적인 철학적 텍스트에서 지식의 개념을 어떻게 이해해야 할지를 모를 것이다. 한 구체적인 구절에 대한 우리의 이해는 전체로서의 텍스트의 본성에 대한 앞선 이해의 주변에서 인도되고 있다.

역으로, 전체의 의미에 관한 당신의 가정은 그것을 구성하는 부분들에 대한 당신의 해석의 관점에서 지지되거나 수정되어야 한다. 당신이 르네 데카르트(René Descartes)[1]가 유물론자, 즉 존재하는 모든 것이 물리적

>1 데카르트(Descartes, 1596-1650)는 분석 기하학을 발전시켰고, 광학을 연구했으며, 그리고 가장 유명한『제1철학에 대한 성찰(*Meditations on First Philosophy*)』(1641)

이고 시간과 공간 속에 위치한다고 믿는 사람이라는 이해를 가지고서, 그의 저작을 읽기 시작했다고 가정해 보라. 당신은 데카르트의 작품, 『정념론(*The Passions of the Soul*)』에 나오는 다음의 구절과 마주쳤다고 가정해 보라: "영혼은 연장, 즉 신체를 구성하는 물질의 차원들 혹은 속성들과 어떠한 관계도 가지지 않는 그러한 본성을 지닌다… ([1649] 1985: 339)." 데카르트의 철학에 접근하는 당신의 전체적인 전제는 이 구절에 대한 당신의 해석의 관점에서 수정되어야만 한다. 왜냐하면 이 구절은 데카르트의 형이상학에 대한 당신의 선개념과 직접적으로 모순되기 때문이다.

해석학파의 철학적 글쓰기에 대한 관련성은 다음과 같다. 당신이 논의하고자 계획한 구절들에 대한 당신의 해석은 전체로서의 텍스트에 대한 당신의 해석에 의존할 것이다. 그리고 그 텍스트에 대한 당신의 보다 넓은 해석은 개별적인 구절들에 대한 당신의 이해에 의해 때때로 확인되고 때때로 훼손될 것이다. 좋은 철학 논문은 전체 텍스트에 대한 합리적 해석에 의해 용인된 특정한 구절들에 대한 해석과, 특정한 구절들에 대한 정확한 독서에 의해 정보를 갖춘 전체 텍스트에 대한 해석을 제안할 것이다.

39 텍스트의 주요 논증으로부터 의미를 구하라

법률가들은 판례에서 법정의 **판결**(holding)과 글로 쓰인 의견의 형식으로 나타나는 **부수적 의견**(*obiter dicta*) 간의 매우 도움이 되는 구별을 한다. **판결**은, 특정 소송에서 알려졌거나 적용된, 법원의 결정에 **핵심적인 법률**

로 근대 철학의 시대를 열었다. 학생들은 근대 철학(혹은, 보다 구체적으로, 대륙 합리론)과 인식론에 관한 교과 과정에서 데카르트의 저작을 읽는 것을 기대할 수 있다.

규칙이다. 예를 들어, 영화와 텔레비전으로 잘 알려졌듯이, 미란다 대(對)
아리조나(*Miranda v. Arizona*) 소송의 판결의 일부는 다음과 같다:

"〔만일〕〔경찰에〕 구금된 한 사람이 심문에 복종해야 한다면, 먼저 그는 분명하
고 애매하지 않은 용어로써 그가 침묵할 권리가 있다는 것을 통보받아야만 한
다. 침묵할 권리에 대한 경고에는 말해진 어떠한 것도 법정에서 그 개인에 반대
하여 사용될 수 있고 사용될 것이라는 설명이 수반되어야만 한다… 심문받는
사람에게 그의 권리의 범위에 관해 완전히 알리기 위해, 그에게 그가 변호사의
의견을 구할 수 있을 뿐만 아니라, 만일 그가 궁핍하다면 그를 대신할 변호사가
임명될 것이라는 것도 경고해 주는 것이 필수적이다(*Miranda v. Arizona* 1966:
467-8, 473)."

부수적 의견(혹은 단순히 "**의견**")은 흥미롭고 가치 있는 다른 모든 진술이
지만, 의견을 표시하는 법률적으로 핵심적인 재판관(들)의 진술은 아니
다. **의견**은 법률적 권위를 거의 갖지 않는 반면에, 판결은 법정의 사법권
내에서 법의 일부가 된다.

　만일, 유비로써, 우리가 판결/**의견**의 구별을 철학적 텍스트에 적용한
다면, 텍스트의 "판결"은 그 철학자가 해당 문제를 설명하기 위해 제공하
는 논증이다. 텍스트의 "**의견**"은 그 철학자가 논제와 관련되거나 관련되
지 않은 채, 우연히 생각한 흥미로운 다른 모든 것이다. 만일 저자가 한
질문에 대답하고자 노력하고 있는 중이라면, "판결"은 그 또는 그녀의 대
답을 위한 저자의 논증(전제들과 결론), 저자가 전제를 받아들이기 위해
제공하는 모든 정당화, 그리고 그 또는 그녀가 왜 그렇게 특별한 방식으
로 문제를 설정했는지에 대한 설명을 포함하게 될 것이다. 텍스트의 이
러한 요소들은 저자의 합리적 성취를 규정하고 그 문제에 대한 저자의

견해 혹은 입장으로 알려지게 될 것이다. 철학적 텍스트에서 "의견"은 —
그것이 아무리 심층적이고 감동적일지라도 — 그 철학자의 논제에 대한
그 또는 그녀의 옹호에 논리적으로 핵심적이지 않은 다른 모든 논평으로
구성될 것이다. 위에서 확인된 저자의 주요 논증의 요소들은 예증적인
것이지 소모적인 것이 되어서는 안 된다. 모든 저자들과 철학적 텍스트
들을 가로지르는 단순한 정식화가 덜 중요한 주석으로부터 주요 논증을
분리시키기 위해 사용될 수 있다고 생각하는 것은 어리석은 짓이 될 것
이다. 당신은 가능적으로 예증할 수 있지만 궁극적으로 비본질적 주석으
로부터 논증의 주요 선상을 따로 분리시키기 위해 당신이 고려 중인 특
정한 텍스트와 저자에 민감해야 한다.

철학적 텍스트에서 "의견"은 그것들이 나타나는 그 텍스트 혹은 동일
한 저자의 다른 텍스트들을 어떻게 해석해야 하는지에 관한 환상적인 단
서를 제공할 수 있다. 그것은 전기적(傳記的)으로 그리고 역사적으로 대
단히 흥미로울 수 있다. 그것은 당신이 그 철학자의 계획에 대한 가장 자
비로운 이해를 하도록 도울 수 있다. 그리고 그것은 저자가 다른 곳에서
했던 논증들에 대한 어떤 의미를 가질 수 있다. 그러나 만일 당신이 특정
한 텍스트를 이해하고 해석하기 시작했다면, 그 텍스트로부터 중심 논증
의 일부가 아닌 한두 가지 언급들을 취하고서 그것들에 당신의 분석의 주
요 초점을 맞추는 것은 일반적으로 실수이다.^{>2} 만일 당신이 그렇게 한다

>2 물론, 몇몇 철학자들은 논증에 명백히 관련되지 않은 어떤 저자의 한 구절에 초점을
맞춤으로써 그리고 그 저자가 썼던 다른 것들에 대한 어떤 통찰을 얻기 위해 그것을
사용함으로써 흥미로운 책들을 썼다. 자크 데리다(Jacques Derrida)의 『에쁘롱: 니체
의 문체들(Spurs: Nietzsche's Style's)』이 생각나는데, 거기에서는 (다른 것들 가운데)
니체(Friedrich Nietzsche)의 "나는 나의 우산을 잊어 버렸다"라는 겉보기에는 무관한
구절이 니체의 진리관을 "해독"하기 위해 사용된다. 심리 분석적 경향을 지닌 철학자
들은 한 필자의 계획의 기본적 구조에 대한 단서로서 그 필자의 여담을 봄으로써 비교

면, 당신의 교사는 당신이 그 텍스트의 주요 요점을 파악하는 데 실패했거나 거기에 나온 중심적인 쟁점을 붙잡는 데 실패했다고 생각할 것이다.

"의견"은 철학적 논문을 위한 매혹적인 목표가 될 수 있다. 왜냐하면 그것은 그 철학자의 "판결"의 주의 깊게 진술된 부분들보다 더 화려한 경향이 있기 때문이다. 그러나 대부분의 학부 철학 논문들을 위해서는 당신이 당신의 논문에서 그 저자의 사소한 접선들 중의 하나에 대한 분석을 시작하는 것보다 그 텍스트의 주요 논증을 숙고하여 파악했다는 것을 증명하는 것이 더 낫다.

🖋 40 모든 인용은 설명을 요구한다

철학적 작품들은 극소수의 구절들만이 투명하게 명확한 의미 혹은 의의를 가진다. 비록 당신에게 그 구절의 의미와 중요성이 아무리 자명할지라도, 당신이 인용하고자 하는 거의 모든 구절은 설명을 요구할 것이다. 이런 이유에서 당신은 대체로 인용을 가진 구절로 끝을 맺어서는 안 된다.

만일 당신이 주로 해석적인 그리고 어떤 구절(혹은 심지어 하나의 단어)에 대한 경쟁하는 해석들의 장점들을 평가하는 논문을 쓰고 있다면, 당신은 반드시 그 구절을 인용해야 하고 **그것을 철저하게 분석해야** 한다. 설명이 없는 단순한 인용은 단지 한 특정한 구절이 어떤 철학자의 텍스트에 우연히 나타난다는 것을 보여 줄 뿐이다. 그러나 만일 한 인용이 당신의 견해를 지지하는 증거가 되려면, 당신은 그 구절의 의의를 설명할 필요가 있고, 그것으로 당신 해석의 장점에 대해 논증할 필요가 있다. 따

법(parallel method)을 채택할 수도 있다. 그러나 **일반적으로** 학부 철학 논문에서 교사들이 결정적으로 찾아보는 것은 그러한 계획들이 **아니다.**

라서 당신 논문에서 안내의 목소리는 당신 자신의 것이어야지, 당신이 인용하고 있는 저자의 것이어서는 안 된다.

더 나아간 이유에서, 당신은 인용이 정말 필요한지 또는 그 대신에 충실한 문장 바꾸기로써 저자의 문제에 참여하고 당신의 논증으로 나아가는 것이 충분한지에 대해 신중한 고려를 해야만 한다. 이 질문에 대한 대답은 자주 다음과 같은 당신의 전략에 의해 결정된다: (a) 저자가 했던 구체적인 논증을 전하기 위해, 어떤 관념을 전하고, 어떤 견해를 발전시키고, 어떤 입장을 취하는 전략 등, 또는 (b) 저자가 사용했던 특정한 단어들을 증명하기 위해, 특정한 수사를 채택하고, 복잡하고 미묘한 추론에 의존하는 전략 등. 모든 주석가들이 너무나 자주 저자의 텍스트를 바꾸어 말하는 자유를 가진다. 그 결과 뒤이은 논의가 부적절하고, 저자가 실제로 했던 논증은 부당한 것이 된다. 이런 까닭에 인용과 설명은 건전한 논증을 만드는 것이 업무인 이들에게는 좋은 훈련이다. 그러나 마찬가지로 당신 자신의 단어로 다른 누군가의 생각을 정확하게 재진술하는 것도 좋은 훈련이다. 그리고 특히 텍스트에 의해 추진되기보다 논증에 의해 추진되는 — 즉 위의 (b)보다 (a) — 논문을 위해, 만일 당신이 당신의 상대방들을 인용하기보다 그들의 말을 바꾸어 말한다면, 당신은 당신의 목적을 보다 직접적이고 효율적으로 설명할 수 있을 것이다.

✒ 41 모든 인용은 특정한 출처를 요구한다

만일 당신이 한 철학자의 글을 인용한다면, 당신은 독자에게 그 구절을 어디에서 발견할 수 있는지를 말해 주어야만 한다. 이것은 당신이 독자에게 판본과 그것을 발견할 수 있는 쪽수를 포함한 특정한 출판 정보를 말해야 한다는 것을 의미한다. 당신이 당신의 독자를 당신이 도달했던 것과

정확히 동일한 결론으로 데려가기 위해 글을 쓰고 있다는 것을 기억하라. 아마도 당신은 그 텍스트들과 논증들에 대한 매우 특별한 고려를 통해 이러한 결론에 도달했을 것이다. 논문 쓰기에 관해 생각하는 한 가지 방식은 당신을 당신의 결론으로 이끌었던 고려를 통해 독자를 데려가려고 애쓰는 것이다. 이렇게 하기 위해, 독자는 당신 생각에 당신의 논문에서 언급할 만큼 충분히 중요한 그 구절들을 발견할 수 있어야 한다. 그래야 그 또는 그녀가 그것들을 당신의 관점에서 새롭게 고려할 수 있다.

내가 그 밑에서 공부했던 대부분의 철학자들은 어떤 구체적인 인용의 관례가 사용되었는지에 대해서는 신경을 쓰지 않았다. 내가 생각하기에 이러한 이유는 당신이 정확히 어떤 인용법을 따랐는지가 문제시되는 유일한 때는 당신이 출간하려고 할 때뿐이기 때문이다. 그리고 각 학회지 혹은 출판사는 당신이 따라야만 할 그 자체의 인용법을 가지고 있기 때문이다. 따라서 구체적인 인용법을 내면화하는 것은 많은 도움이 되지 않는다. 왜냐하면 그것이 중요할 때 당신은 어쨌든 상황을 바꾸어야만 할 것이기 때문이다.

밴쿠버와 하버드 체계가 아마도 가장 흔한 인용법일 것이다. 비록 인용 매뉴얼들이 일반적으로 다른 것들을 보충하고 있는 것들이기는 하지만 말이다. 하버드 체계에 근거한 (각각) 논문, 장, 그리고 책을 위한 한 가지 인용법은 다음과 같다:

Mogck, B.D. (2002a) Some Pretty Good Ideas. *Journal Title* Volume ## (issue ##): ##-##.

Mogck, B.D. (2002b) Profound Thoughts? In: Chamberlin, J.C., Elving, J.J., & Schnell, R.L. (eds.), *Lots of Profound Thoughts*. City of Publication: Press, pp. ##-##.

Mogck, B.D. (2002c) *Why Hutchens' Logical Theory is Wrong*. City of
  Publication: Press.

이 인용법은 주석 속에 원래의 참고문헌 혹은 참조 페이지를 포함하도록
한다. 그리고 "[문장의 끝] (Mogck 2002a: 58) [마침표]" 혹은 "목크
(Mogck)는 … (2002c)에서 주장한다"라고 씀으로써 텍스트 내에 삽입
기호를 가진 참고문헌을 만든다. 만일 당신이 같은 해에 출판된 동일한
저자(들)의 텍스트를 하나 이상 인용하려고 할 때에는 출판년도 뒤에 보
다 낮은 격의 문자를 사용하라. 그렇지 않다면 연도만 써라. 만일 한 텍
스트가 하나의 언어에서 당신이 인용하고 있는 언어로 번역되었다면, 번
역된 텍스트의 제목 바로 직후에 쉼표를 하고, "아무개 역"이라고 써라
(적절한 인용을 위한 더 나아간 논의를 위해서는 6장을 보라).

42 전문 용어의 일관되고 의미심장한 사용

무엇이 전문 용어인가?
거의 모든 철학적 텍스트들 속에는 당신이 설명하고 있거나 논증하고 있
는 그 철학자에게 있어 특별한 의미를 갖는 용어들이 있다. 예를 들어,
아리스토텔레스의 철학에서 "자연(nature)"은 오늘날 살아 있는 대부분
의 철학자들이 "자연"을 사용함으로써 의미하는 것과는 판명하게 다른
특별한 의미를 가진다. 플라톤 철학에서는 "이데아(Idea)"가 동일한 위
상을 가진다. "명석한(clear)"과 "판명한(distinct)"은 데카르트에게서 유
래한 사례들이다. 만일 당신이 설명하는 철학자를 당신이 이해했다면,
당신은 그러한 용어들이 그 또는 그녀의 철학에서 특별한 의미를 전달한
다는 것을 알 것이다. 당신이 설명하는 텍스트에서 특별한 의미를 전달

하는 어떠한 용어들도 "전문 용어"들이다. 또한 만일 중요한 어떠한 것이 한 철학자가 특별한 용어를 사용했거나 기피했다는 점에 달려 있다면, 그 용어 또한 "전문적으로" 사용되고 (혹은 기피되고) 있는 것이다.

당신이 생각하기에 그 철학자가 그 또는 그녀의 전문 용어로써 의미하는 것을 당신이 설명하는 것이 핵심적이다. 전문 용어를 정의하는 것이 당신이 말하고 있는 것과 당신이 독자에게 그 텍스트를 이해했다는 것을 명확히 하기 위한 불가피한 부분이기 때문에 이것은 중요하다. 당신의 독자와 함께 그 페이지를 진행하는 것 역시 도움이 되는 방식이다. 왜냐하면 당신의 논문을 읽기 전에 당신의 독자는 그 용어와 그것의 의미에 대해 당신이 가정하거나 옹호하는 것과는 다소 다른 이해를 가졌을 경향이 있기 때문이다.

일단 당신의 용어들을 정의했다면, 그것들을 일관되게 사용하라

당신이 한 철학자의 전문 용어의 정의를 인용하고 "이것은 …을 의미한다"라고 쓸 때, 매우 주의하라. 비록 한 논문에서 한 용어가 무엇을 의미하는지를 설명하는 문장들이 가장 중요하고 논쟁적인 것들 가운데 있을 **것 같지 않다**고 할지라도, 그것들은 가장 중요하고 논쟁적일 수 있다. 따라서 당신의 정교한 서술이 정확하고, 당신이 이용하고 있는 구절들에 의해서뿐만 아니라 그 용어를 포함하고 있는 다른 구절들에 의해서도 지지될 수 있도록 확실히 하라. 결국 당신이 한 전문 용어에 대해 제공한 정의는, 일관성을 위해, 그 전문 용어가 등장하는 어떠한 인용에 대한 당신의 설명에서도 준수되어야만 한다.

5. 학문적 연구의 기초

✒ 43 웹(Web)이 아니라 도서관을 활용하라

웹은 철학과 같은 분야를 탐색하는 데 사용되는 놀라운 일련의 도구들을 제공한다. 철학자들은 전 세계의 대학들에서 가르쳐지고 있는 것, 그들의 연구 영역에서 막 출간된 것, 그리고 그들의 학생들 혹은 자신들을 위해 유용할지도 모를 온라인 자료들에 뒤처지지 않기 위해 그것을 활용할 수 있다.

제목에서 말했듯이, 오늘날 철학에서 연구를 **하기** 위해 웹을 활용하는 것은 **심각한** 잘못이다. 첫째, 학생들은 일차 자료, 도서관 검색을 어떻게 해야 하는지 — 이는 그들의 직업적 목표가 무엇이든지 결정적인 기술이다 — 를 배울 기회 없이 지내게 된다. 둘째, 온라인 자료의 질은 자주 상당히 의심스럽다. 웹상에 "출판된" 것이 중요한 이점을 가졌음을 보장해 주는 것을 돕는 동료 검토[1]나 편집 감독의 과정이 없다.[2] 위키피디아

---

[1] 동료 검토는 출판을 위해 제출된 논문 혹은 책이 과학적 그리고/또는 그 분야의 학문적 기준들을 따른다는 것을 보장하기 위해 전문가 집단에 의해 면밀히 조사되는 과정

(Wikipedia)는 이러한 잘못을 제공하는 **유명한 사례**(cause célèbre)이다.

너무 많은 사이트들과 링크들이 죽어 있거나 쓸모없다는 것을 고려한다면, 도서관에서 책을 십분 보는 것이 한 시간 동안 웹서핑을 하는 것보다 더 나은 경향이 있다. 셋째, 너무나 자주 학생들은 (알면서 혹은 모르고서) 아이디어를 "집어 오거나", 적절한 인용 없이 구절들을 잘라 붙임으로써 온라인 자료들을 표절한다. 인터넷의 비공식성과 속도는 이러한 잘못을 범하는 것을 너무나 쉽게 만든다. 빠르고-추잡한 검색에 의존하는 학생들은 훌륭한 옛날 방식의 읽기와 반성을 통해 개념적이고 문학적인 전경에 대한 확실한 파악에 이르게 되는 기회를 놓친다. 이것이 나의 네 번째 걱정으로 이끈다. 교양 교육은 고도의 문식성을 지닌 정교하게 사고하는 자를 만들어야 한다. 하지만 오늘날 학생들이 웹을 활용하는 만연된 방식(빠른 브라우징과 복사)은 이러한 목표에 반하는 것이다.

이러한 이유 때문에 나는 다음의 정책을 추천한다: 논문에 인용된 자료들은, 비록 그것들이 학생들에게 온라인으로 읽을 수 있게끔 만들어진 것이라고 할지라도, 대체로 종이로 출판된 것이어야 한다. 처음부터 온라인으로 출판된 자료들은, 만일 그것들이 동료 검토를 받았다는 단서 하에서만 받아들일 수 있다.[3] 동료 검토나 학문적 출판물을 제외하고,

---

이다. 그것은 비전문가들이 어떤 출판물의 가치에 대해 높은 신뢰성을 가지는 것을 가능하게 해 주는 매우 가치 있는 정성 통제의 기제이다.

[2] 나는 특히 철학 메시지 게시판에 어떠한 주목도 하지 않을 것을 추천한다. 그것은 자주 혼란스러운 비전문가들의 명상 혹은 전문가들의 기술적인 세부사항을 포함하고 있는데, 그것들 중 어느 것도 대부분의 학부생들에게 (혹은 다른 대부분의 사람들에게) 도움이 되지 않을 것이다.

[3] 미국의 철학자들을 위한 주요 전문 학회 웹사이트인, 미국 철학 협회(The American Philosophical Association)는 온라인 학술지들의 목록을 가지고 있다. 이것은 〈http://www.apa.udel.edu/apa/asp/journals.asp〉에서 이용 가능하다. 당신은 이러

웹은 안내나 참조를 위해 참고될 수 있지만, 연구를 위한 일차 혹은 이차 자료로서 고려되어서는 안 된다. 심지어 어떤 웹이 당신 수업의 일차 자료들 가운데 어떤 텍스트 전체를 포함하고 있는 것처럼 보여도 — 예를 들어, 플라톤의 대화편 『변론(*The Apology*)』의 전 텍스트를 재생하는 것 같아 보인다 — , 그러한 웹들은 잦은 실수들로 가득하고, 그래서 신뢰할 만한 것으로 가정되어서는 안 된다. 내가 마주쳤던 몇몇 온라인 텍스트들은 부정확한 내용들을 포함한, 출판된 판본의 요약판들이다. 그리고 바로 그런 이유에서 권위가 없는 것들이다. 웹은 하나의 연구 도구이다. 즉 그것은 교과 과정의 전문적 기준들에 부합하는 연구를 **용이하게 하기** 위해 사용되어야 한다. 현재 철학에서 전문적 기준들은 웹에 근거하여 **연구를 수행하는 것**을 허락하지 않는다.

당신의 대학 도서관을 통해 이용할 수 있도록 만들어진 권위 있는 전자 텍스트들의 활용은 다르다. 왜냐하면 그것들은 위에서 언급한 출판물과 동료 검토의 요구 조건을 모두 충족시키기 때문이다. 하지만 경고의 한 마디가 지켜져야 한다. 만일 당신이 책을 읽는 대신에 단순히 특정한 핵심어가 나오는 그러한 문장들만을 읽는다면, 탐색 가능한 전자 텍스트들의 활용은 위험할 수 있다. 당신은 어떤 표현의 더 큰 단위들(예를 들어, 장들)이 당신의 관심을 끄는 용어에 대한 논의를 포함하고 있는지를 알기 위해 그 텍스트를 검색해야만 한다. 그리고 그 단위 전체를 읽어라. 오직 그렇게 하고 나서야 당신은 저자의 논증에서 그 용어의 역할을 이해할 수 있을 것이다.

학생들이 유용하다고 여길 두 개의 좋은 자료가 있다. 그리고 나는 이

한 링크들을 따라가서, 만일 그것이 동료 검토를 받은 것이라면 봐야 할 각 학술지를 확인할 수 있을 것이다. 내가 따라 갔던 몇몇 링크들은 내용을 읽기 위해서 그 학술지에 대한 구독이 필수적이라는 것을 지시하였다.

것들을 인용하는 것은 받아들일 수 있다고 생각한다(하지만 당신의 교사
에게 먼저 확인하라):

1. 〈http://plato.stanford.edu/〉에서 이용 가능한 The *Stanford Encyclo-
   pedia of Philosophy* 그리고
2. 〈http://www.perseus.tufts.edu/〉에서 이용 가능한 The Perseus Digi-
   tal Library(이것은 살펴볼 만한 고대와 중세의 텍스트들을 포함하고
   있다).

나는 또한 대부분 믿을 만한 정보를 포함하고 있는 다음의 사이트들을
추천하고 싶다. 그러나 그것들 역시 인용을 하기에는 부적절할 것 같은
비형식적이거나 잠정적인 몇몇 자료들이다.

3. 〈http://ethics.sandiego.edu/〉에서 이용 가능한 샌디에이고 대학교의
   로렌스 힌만(Lawrence Hinman)이 운영하는 *Ethics Updates* 그리고
4. 〈http://www.utm.edu/research/iep/〉에서 이용 가능한 The Internet
   Encyclopedia of Philosophy.

✐ 44 일차 자료는 당신에게 일차적인 책임이 있다

당신의 논문과 시험에서 부과된 자료들에 초점을 맞추는 것이 중요하다.
그리고 당신이 노력의 대부분을 한 주석자의 텍스트보다 그 철학자의 텍
스트를 이해하는 데 투자하는 것이 중요하다. "일차 자료"는 철학의 중요
한 작품으로 고려되는 텍스트이다. 반면에 "이차 자료"는 일차 자료에 **대
한 연구**이다. 때때로 이차 자료들이 너무 독창적이고 통찰력이 있어 그것

들이 그 자체의 권리로써 일차 자료가 된다. 그럼에도 불구하고 이차 자료들은 보통 학부 철학 과정에서 주된 초점이 아니다. 따라서 비록 어떤 이차 자료가 한 텍스트에 대한 당신의 공부에 도움이 되었다고 하더라도, 당신은 일반적으로 일차 자료를 붙잡고서 그것을 설명하는 데 당신 글의 대부분을 쓰도록 해야 한다.

✎ 45 어떤 종류의 이차 자료를 어떤 식으로 사용해야 하는가?

첫째, 학생들은 어떤 책 혹은 어떤 철학자의 생각에 대한 맥락 혹은 주요 선상에 대한 이해를 얻기 위해 이차 자료들을 읽음으로써 이득을 얻을 수 있다. 그런 다음에, 일단 당신이 한 텍스트에 대한 당신 자신의 해석을 발전시키기 위해 열심히 공부했다면, 이차 자료는 당신이 당신의 논증을 더 다듬거나 어떤 새로운 이의를 고려하도록 북돋아 줌으로써 도움이 되는 대위(counterpoint)와 대화를 제공할 수 있다. 이차 자료는 당신이 논문을 쓰려고 준비할 때 당신을 옳은 길로 가도록 도움을 줄 수 있다. 예를 들어, 당신은 플라톤 전집의 어디에서 용기에 대한 논의를 발견해야 할지 모를 수 있다. 하지만 아마도 플라톤의 정치 이론에 대한 어떤 책이 이것을 말해 줄 수 있을 것이다. 혹은 당신은 또 다른 주석자의 플라톤의 정치 이론이 어디에서 그르다거나 혹은, 비록 그것이 옳을지라도, 부적절하게 정당화되었다거나 잘못 전개되었다는 것을 보여 줌으로써, 플라톤의 정치 이론에 대한 당신 자신의 견해를 전개하기 시작할 수 있다.

학생들은 또한 어떤 전문 술어들(예를 들면, 인식론에서의 "맥락주의" 혹은 윤리학에서의 "의무론" 혹은 형이상학에서의 "반실재론")을 이해하기 위해 철학 참고서들을 활용함으로써 이득을 얻을 수 있다. 이런 점에서 학생들은『케임브리지 철학사전(*The Cambridge Dictionary of Philoso-phy*)』(Audi 1995),『루틀리지 철학백과사전(*The Routledge Encyclopedia of Philosophy*)』(Craig 1998), 혹은『스탠퍼드 철학백과사전(*The Stanford Encyclopedia of Philosophy*)』(Zalta 2007)을 찾아볼 수 있다. 이와 같은 참고서들에서 발견된 설명과 정의를 읽는 것은 학생들이 교과 과정에서 지도받는 것을 자주 도와준다. 그럼에도 불구하고 일반적으로 당신은 논문에서 주로 백과사전 혹은 철학사전과 씨름해서는 안 된다. 대신에 당신은 일차 자료를 붙잡아야 한다.>4 그러나 자신의 "참고문헌" 절에서 지적인 빚 혹은 참고서에 대한 언급을 드러내는 것은 적절하다. 교사는 당신의 논문에서 당신이 공부하고 설명할 특정한 텍스트들을 선택해 주었다. 만일 이러한 텍스트들에 대한 당신의 설명이 정의 혹은 설명을 요구하는 것이라면, 당신은 참고서가 아니라 그 텍스트 자체로부터 정보를 끌어 모아야 한다.

학생들이 이차 자료를 읽어야 하는 가장 중요한 이유는 그것들이 그들의 논문에서 그들이 생산하려고 목적으로 삼아야 하는 것에 대한 구체적 사례들을 주기 때문이다. 이 책에서 권유했던 그러한 지시들은 단지 극단적인 것이다. 역할 모델은 남은 인생에 있어서 그러한 것처럼 글쓰기에서도 중요하다. 만일 당신이 좋은 논문들을 **쓰기** 원한다면, 좋은 논문들을 **읽어야**만 한다. 예전에 나는 칸트에 관한 논문을 썼다. 그의 작품들은 자주 읽기에 괴로울 정도로 어렵고 그래서 교수는 나의 논문에 대해 통렬한 비평을 하였다: 그가 말하기를 내가 칸트처럼 썼다는 것이다! 그러나 만일 그것이 당신이 철학에서 본 적이 있는 전부라면, (모두에게 당

>4   물론 예외들이 있다. 그러나 그것들은 아마도 고학년 대학원 학생들과 전문가들에게만 적용될 것이다. 그래서 나는 그것들을 언급하지는 않겠다.

혹스럽게도) 당신이 생산하게 될 것은 그것이다.

그럼에도 불구하고, 당신의 초점이 일차 자료로부터 옮겨져서는 안 된다는 것을 명심하라. 당신은 그 저자의 용어에 근거하여 그 또는 그녀를 이해해야만 한다. 당신은 칸트를 스스로의 힘으로 읽는 어려운 작업을 피하기 위해 칸트에 관한 주석가에 의지해서는 안 된다. "칸트가 …라고 말했듯이"라고 쓰고 어떤 주석가를 인용하는 것은 받아들일 수 없으며 부정확한 것이다. 만일 당신이 칸트가 어떤 주장에 매달렸다고 주장하기를 원한다면, 당신은 그의 텍스트를 통해 작업함으로써 이것을 보여 줄 필요가 있다. 교사가 다른 누군가가 증명하는 수고를 했던 것을 재생한 당신에게 왜 좋은 점수로 보상을 해 주려 하겠는가? 이차 자료를 참고하는 것은 텍스트의 해석을 용이하게 할 수 있지만, 그것을 대체해서는 안 된다.

학부생들이 알아야 할 한 가지는 20세기부터 앞으로 영어로 글을 쓰는 많은 철학자들은 책보다 논문을 훨씬 더 많이 쓴다는 것이다. 따라서 최근의 힉문에 내한 노서관 검색은 단행본뿐만 아니라 학술지 논문을 찾을 것을 요구할 것이다.

학술 논문을 찾기 위해, 학생들은 『철학 색인(Philosophers's Index)』이나 『인문/사회과학 분야 학술 저널 정보(JSTOR)』를 참고해야 한다. 그것들은 당신의 도서관이 구독하는 검색 가능한 데이터베이스이다. 하지만 그것들은 보통 대부분의 학부생들의 논문의 목적을 위해서는 풀어 낼 수 없는 학문적 논쟁을 포함하고 있기 때문에, 일상적인 기말 논문들보다는 전공 연구 논문들(4학년 세미나 논문 혹은 학위 논문과 같은 것)을 작성하는 학생들에게 보다 적합하다. 일반적으로 교사에게 당신 논문의 주제를 위해 좋은 논문 혹은 적어도 훌륭한 저자를 추천해 달라고 단순히 요청하라. 이것은 당신이 검색 결과를 통해 옮겨 다니는 불필요한 많은 노력을 절약해 줄 것이다. 또한 당신의 교사에게 먼저 의뢰하는 것은, 희망컨대, 당신의 교사가 미워하는 주석가들을 선택하는 위험을 막아 줄 것이다. 단지 당신의 교사가 다음과 같은 논평을 하도록 하기 위해 이차 자료를 읽는 데 귀한 시간을 투자하는 것은 다소 당황스럽다: "저 주석가 는 무명의 진부한 문사이다!"

II부
철학하기

6. 학문적 성실성

6.1 표절에 관한 학교의 교칙과 방침을 알라

많은 학생이 그들의 학교가 교칙을 가지고 있는지 모르거나, 만일 안다고 하더라도, 그것이 무엇을 말하는지 모른다. 무지는 이와 더불어 확실한 위험을 수반한다. 학생들은 그것들을 범했다면 점수를 잃고 심지어 제적을 당하는 결과에 이를 수 있는 규칙들에 무지함으로써 심각한 가슴앓이를 하는 위험을 감수한다. 법에 대한 무지는 학교 밖에서 옹호되지 않으며, 그것은 학교 안에서도 옹호되지 않는다. 그들 자신들을 통제하는 교칙에 익숙하게 만드는 자기 보존과 도덕적 책임이 학생들에게 권고된다. 그들은 논문과 시험 답안지를 제출하기 **전에** 명백히 그렇게 해야만 한다.

6.2 표절이란 무엇인가?

많은 학생이 표절이 무엇인지 모르기 때문에, 그것에 대해 경고하는 것은 다소 효과적이지 못한 경향이 있다. 표절을 정의하는 것은 학교의 특

권이다. 그리고 만일 학교가 그것을 하지 않았다면, 그것은 교사의 특권
이다. 하지만 당신을 기본적 관심으로 이끌어 가는 것을 돕기 위해 나는
잠정적 정의를 제공하겠다.

만일 학생들이 어떤 교과 과정을 위해 제출한 작품이 다음 두 가지 중
의 하나라면, 그 또는 그녀는 표절을 저지른 것이다: (a) 그 작품이 특히
그 교과 과정을 위해 준비된, 그 또는 그녀 자신의 고유한 연구와 글쓰기
가 아니다. 혹은 (b) 그 작품이 그 또는 그녀의 작품 내에서 적절한 출처
없이 또 다른 사람의 작품에 대한 사용, 언급, 재생, 혹은 영향을 포함한
다. "적절한 출처"로써 나는 최소한 직접 인용을 지시하기 위해 인용 부
호를 사용하는 것과 어떤 영향력 있는 자료에 대한 적절한 인용[1]을 의미
하고 있다. 다음은 표절의 사례들에 포함된다.

- ☑ 당신이 다른 수업을 위해 준비했고 제출했던 논문(혹은 그것의 일
  부)을 제출하는 것.
- ☑ 다른 누군가가 썼던 논문(혹은 그것의 일부)을 제출하는 것.
- ☑ 당신이 아무리 광범위하게 수정하거나 문장을 바꾸었다고 하더라도,
  당신 자신의 내용을 형성하기 위해 다른 논문의 언어나 내용을 사용
  하는 것.
- ☑ 다른 저자의 논증, 설명, 자료 또는 연구를 사용하고, 그것을 적절한
  출처 없이 당신 자신의 고유한 작업인 체 하는 것. 그리고
- ☑ 인용 부호를 사용하지 않고 적절한 출처 없이 어떤 것을 인용하는 것.

비록 하나의 문장이나 논증의 문장을 바꾼 학생보다 전체 논문의 문장

---

[1] 적절한 출처에 대한 더 나아간 논의를 위해 ∮ 41을 보라.

을 바꾼 학생이 학문적 성실성에 반하는 보다 큰 잘못을 저지른 것일지라도, "어떠한 표절자도, 그의 작품의 많은 부분들이 표절한 것은 아니라는 것을 보여 줌으로써, 그 잘못을 변명할 수는 없다(*Sheldon v. Metro-Goldwyn Pictures Corp.* 1936: 56)."

6.3 표절을 피하는 방법

유용한 어림법은 다음과 같다: 만일 당신이 다른 텍스트를 읽는 동안 그 안에 들어 있는 아이디어나 생각이 떠올랐다는 것을 알았다면, 혹은 당신이 누군가로부터 (아무리 비공식적일지라도) 어떤 아이디어를 들었거나 그것에 관하여 들었다면, 그 영향력을 당신 참고문헌의 절(section)이나 주석 속에 명시적인 것으로 만들어 두어라. 아마도 당신이 어떤 인용의 관례를 사용하는지는 중요하지 않을 것이다. 당신이 그것을 일관되게 사용하고, 학문적 정직성이 지시하는 곳마다 그것을 채택하기만 한다면 말이다. 흔한 인용의 관례들은 『시카고 문체 매뉴얼(*The Chicago Manual of Style*)』과 같은 대부분의 문체 매뉴얼에서 발견할 수 있다. 나는 ∮41에서 하버드 시스템에 근거한 몇몇 사례들을 제공했다. 하지만 아마도 당신은 당신의 교과서들에서 자료들이 어떻게 인용되는지를 살펴보고, 그 스타일을 따라하는 것만으로도 충분할 것이다.

6.4 적절한 출처는 학문적 신뢰성을 보강한다

학생들은 자주 모든 참고문헌들과 영향력 있는 사사들 속에서 그들 자신의 목소리가 사라지게 될 것을 염려하여 출처를 나타내지 않는다. 아마도 그들이 충분히 인정하지 않는 것은 그들의 학술적 작업의 목적 중 일부가 그들이 보다 큰 논의에 참여하는 경쟁력 있는 참가자라는 것을 증명하는 것이기 때문일 것이다. 학생들이 그들의 능력을 증명할 수 있는 한 가지 방식은 그들이 (a) 어떤 논쟁의 주요 텍스트들과 인물들에 친숙하다는 것, 그리고 (b) 이러한 고전들을 읽었고 그것들에 의해 영향을 받았다는 것을 보여 주는 것이다. 학생들의 소리가 사라지기는커녕 적절한 인용과 출처는 신뢰성과 학문적 가치에 대한 그들의 공헌을 위한 필수 조건이다. 물론 학생들의 학술적 작업들에서 아무리 온건하고 잠정적인 것일지라도 학생들 자신의 고유한 공헌 역시 기대될 것이다.

6.5 부정행위자들은 붙잡히기 마련이다

심지어 교육과 연구에 대한 책임에 압도되어 있는 교사들도 부정행위를 자주 잡아낸다. 당신의 교사들에게 어느 정도의 신뢰를 주어라. 그들은 당신이 완성해야 하는 종류의 과제의 사례를 수천 개는 아니더라도 수백 개는 보았다. 그들은 그들의 학생들 — 심지어 예외적인 학생들(그들 또한 이전에 그랬던 적이 있다)에 관해 무엇을 기대해야 하는지를 알고 있다.

인터넷으로부터 자료를 취하는 것은 지극히 평범하고, 어리석은 짓일 뿐이다. 교수들은 누구 못지않게 구글(Google™)을 잘 할 수 있다. 나는 한 학생의 논문이 학부생에 의해 수주 만에 쓰이기에는 **꽤나** 학문적이고 세련된 것이라는 것을 안 후, 그 논문이 실려 있는 웹사이트를 정확히 발견하는 데 대략 30초가 걸렸다(그리고, 어떠한 문장 바꾸기도 그 문제를 해결해 주지 못한다. 왜냐하면 핵심어 검색이 동일한 자료를 보여 주기 때문이다). 몇몇 대학들은 교사들이 학생들의 문장 바꾸기를 한 논문들을 찾도록 허용하는 전자 서비스를 제공한다. 심지어 교사들이 논문의 어떤 자료가 온라인의 논문 제작소로부터 왔는지를 확인하도록 해 주는 프로그램들도 있다.

　보다 더 근본적으로, 만일 당신이 제출한 논문이 정확히 동일하게 부과된 텍스트를 읽지 않았고, 동일한 반의 일부가 아니었고, 동일한 강의를 듣지 않았고, 그리고 정확히 동일한 과제를 가지지 않았던 다른 이들에 의해 쓰였다면, 그것이 당신의 나머지 급우들이 생산한 것과 일치할 가능성이 과연 얼마나 있을지를 생각해 보라. 따라서 비록 나는 도덕적 논증이 충분히 설득적 — 당신은 그것이 부정직하기 때문에 결코 부정행위를 해서는 안 된다 — 이기를 희망하지만, 표절을 막기 위해서 신중함 역시 권고하고자 한다.

7. 철학 교과 과정에서 성공하는 방법

7.1 지적인 덕목들을 실천하라

7.1.1 호기심

학생들은 그들 자신, 그들이 사는 세계, 그리고 그들이 참여하는 전통의 역사를 배우려는 바람을 가지는 것이 중요하다. 일찍이 예비-의학, 법학, 경영학 트랙(pre-med, pre-law, pre-business)에 초점을 맞춘 학생들은 때때로 이러한 교양 교육의 시금석들에 대한 인내심이 거의 없다. 그것은 너무나 나쁜 일이다. 만일 그들이 과학자, 의사, 변호사, 그리고 성공한 사업가와 이야기해 본다면, 그들은 인간적 가치들에 대한 비판적이고 사려 깊은 이해가 믿을 수 없을 만큼 가치 있는 자산이고, 직업적으로 빈번하게 필수불가결한 것임을 발견하게 될 것이다. 또한 철학자들은 자주 여기에 도덕적 문제들이 있다고 주장해 왔다: 우리의 믿음들과 우리가 하려는 실천들을 정당화하려고 노력함으로써 (a) 우리는 보다 적은 거짓된 믿음을 주장할 것이다. (b) 우리 자신을 보다 합리적으로 행동하게 할 것이다. 그리고 (c) 우리 자신을 보다 정의롭게 행동하게 할 것이다. 어떤 현대 철학자(Nussbaum 1998)는, 로마 스토아학파의 세네카(Seneca)를 쫓아, 교육을 바로 우리 자신을 경작하는 것으로서 언급하였다.

물론 그것은 호기심을 **강화한다**는 관점에서 볼 때 모순적이다. 그래서 당신의 인간성을 경작할 목적으로 철학을 읽는 것에 관해서는 근본적으로 **선택적인** 무언가가 있다. 로버트 펜 워런(Robert Penn Warren)은 누군가 미국 남부의 위대한 작가인 윌리엄 포크너(William Faulkner)의 책을 왜 읽어**야만 하는**가에 대해 답변하는 과정에서 누군가 철학을 왜 해**야만 하는**가에 관해 의아해 하는 그 또는 그녀에게 올바른 대답을 제시해 주었다:

나는 왜 사람이 어떤 것이든지 읽어**야만 하는**지 모른다… 아마도 우리가 아무것도 읽으려 하지 않는 어떤 세계에 있도록 저주받았다면… 우리는 동물이 되어 동굴로 되돌아가도록 저주받았다는 것을 의미하고자 한다. 나는 인간이 되고자 하는 사람은 반드시 포크너의 책을 읽어야만 한다고 생각한다. 자, 만일 당신이 당신의 인간성의 정도와 당신의 인간 본성에 대한 이해에 만족하고 있다면, 그의 책을 읽지 마라. 그러나 만일 당신이 어떠한 불만이라도 가지고 있고 현재의 당신보다 더 인간적이기를 열망한다면, 그의 책을 읽어라(Levinger 2000: 80).

마찬가지로, "현재의 당신보다 더 인간적이기를 열망"하는 것은 철학적 질문하기를 점화시키는 호기심에 불꽃을 일으킨다.

7.1.2 겸손

철학을 공부하는 이들은 그들이 어려운 질문들을 묻고 유사한 질문들과 씨름한 저자들의 어려운 텍스트들을 읽고 있는 중이라는 것을 인정하는 것이 중요하다. 때때로 철학적 텍스트들에서 제기된 질문들은 우리가 우리의 가장 근본적인 참여들을 주장하기 위해 가지는 근거들에 관여한다. 이러한 질문들은 당신이 철학 교과 과정을 이수하기 전에는 당신에게 떠오르지 않을 수 있다. 혹은 아마도 당신에게 떠오른 것일 수 있겠지만, 당신은 그것들을 추구할 때 낙심하였을 수 있다. 혹은 아마도 당신은 단지 그것들을 어떻게 철저하게 생각하기 시작해야 할지를 몰랐을 수 있다. 다른 경우는 철학적 텍스트들에서 제기된 질문들에 관여된 개념들과 방법들이 잘 이해되지 않기 때문에 질문하기가 어려운 것들이다. 도대체 신에 대한 우리의 개념은 무엇인가? 만일 우리가 신이 **존재한다고** 믿는다면, 그것은 우리가 참여하고 있는 것을 즉시 명료하게 해 주는가? 철학은 자연 과학과 사회 과학뿐만 아니라 이러한 질문들에 대답하기 위해 철학자들이 사용한 종교와 판명하게 구별되는 특정한 방법(들의 집합)을 가지는가? 이것들은 설명해야 할 중요한 문제들이다. 그러한 것들에 지적으로 대답하는 것은 인내심 있는 읽기, 쓰기, 그리고 토론을 요구할 것이다. 학생들은 다음의 것들을 명심하는 것이 좋다.

1. 당신이 이미 고려했던 중요한 질문들이 있다. 다른 똑똑한 사람들 역시 이러한 질문들을 고려했다는 것을 기억하라. 당신의 탐구는 그들의 통찰과 실수로부터 많은 이득을 얻을 것이다. 역으로, 그들과 당신의 동시대인들의 탐구는 당신의 통찰과 실수로부터 많은 이득을 얻을 수도 있다. 따라서 잘 고려된 견해를 발전시키는 것은 당신에게 그러한 대화에 참여할 가치 있는 참여자의 자격을 줄 것이다.

2. 당신이 아직 고려하지 않았을 중요한 질문들이 있다. 이러한 질문들은 중요할 수 있으며, 단지 그것들이 친숙하지 않다는 이유로 무시되어서는 안 된다. 마찬가지로, 당신이 단지 사려 깊고 지적인 사람이

라는 이유만으로는 당신이 모든 중요한 질문에 대한 대답을 가진다
는 것을 의미하지 않는다. 솔 벨로(Saul Bellow)는 『허조그(*Herzog*)』
에서 "모든 질문들에 쉽게 답하려는 것은 어리석음의 오류 없는 징
표"라고 쓰고 있다([1964] 1996 : 155).

3. 당신이 아직 적절한 근거를 가지고 옹호할 준비가 되어 있지 않을 수
   있는 중요한 믿음이 있다. 이는 노벨상 수상자를 포함한 누구에게나
   진실이라는 것을 강조하는 것이 중요하다. 철학자들은 우리가 우리의
   믿음을 주장하기 위해 가지는 정당화를 시험하고 개선하는 일을 한
   다. 그들은 다음과 같이 주장하는 밀(Mill)을 따르고 있다. "[만일] 이
   해를 위한 교화가 다른 무엇보다 어떤 것에 놓여 있다면, 그것은 틀림
   없이 자신의 의견들에 대한 근거를 학습할 때이다([1859] 1989 :
   37)."

4. 철학적 텍스트들은 자주 믿을 수 없을 만큼 읽고 이해하기에 어렵다.
   당신은 그것들을 **적어도** 두 번은 읽어야 한다. 심지어 어떠한 똑똑한
   사람들조차도 철학적 텍스트들이 담고 있는 통찰들, 논증들, 그리고
   설명들을 파악하기 위해 고군분투해야만 한다.

7.1.3 자기-비판의 역량

철학자들은 일반적으로 지적인 작품, 특히 문자로 쓰인 작품에 대한 거
친 비평가들로 악명이 높다. 이것은 모두 지적인 정직성에 기여하는 것
이다. 비판과 개선에 개방되어라. **당신**은 당신의 논증, 설명, 그리고 논문
의 약점을 발견하고 설명하는 최초의 사람이어야 한다. 그러나 다른 이
들이 당신 논증의 결점을 지적하였을 때, 이는 사적인 공격이 아니다. 이
에 관한 밀(Mill)의 말은 역시 교훈적이다:

인간 존재는 더 좋은 것을 더 나쁜 것으로부터 식별하는 도움을 받고, 전자를 선택하고 후자를 피하라는 격려를 받는다는 점에서, 서로에게 빚을 지고 있다. 그들은 영원히 서로를 자극하여, 그들의 보다 높은 능력을 행사하는 것을 증가시켜야 하고, 어리석음 대신에 현명함으로, 퇴락하는 대상과 명상 대신에 고양하는 대상과 명상으로 나아가도록 그들의 감정과 목적의 방향을 증가시켜야 한다([1859] 1989: 76).

신랄한 비평은 황금과 같이 좋은 것일 수 있다. 왜냐하면 당신은 다른 똑똑한 사람들의 통찰을 당신 자신의 견해를 개선하는 데 병합시킬 수 있기 때문이다. 물론, 모든 이들 — 특히 비평가 — 이 논증을 비판하는 것과 사람을 비판하는 것은 전혀 다른 시도임을 깨닫는 것이 중요하다.

7.1.4 탁월성에 대한 사랑

철학자들은 논리적, 문학적, 그리고 과학적 탁월성에서 큰 기쁨을 얻는다. 그들은 그들의 글쓰기와 강의가 인간적인 중요성을 지닌 근본적 문제들을 토론하는 데 참여할 다음 세대의 훈련뿐만 아니라, 그러한 토론에 가치 있는 공헌을 할 수 있기를 희망한다. 그러한 공헌을 하기 위해, 당신은 명확하고 설득력 있으며 잘 지지된 논증과 텍스트에 대한 충실하고 정보를 갖춘 해석을 생산하는 데 헌신해야 한다. 나아가 몇몇 문제들은 처음에는 당신이 어떤 과학, 예술, 외국어 등을 학습해야만 적절히 설명될 수 있다. 철학자들은 이러한 도전들과 그들의 능력을 확충하고 심화시키는, 흥분되고, 솔직히, 엄청나게 재미있는 기회들을 발견하는 지성인들 가운데 있다.

7.2 준비를 하고 수업에 들어가라

대안을 고려하라: 당신은 수업에 들어가지 않거나 아니면 준비되지 않은 채 수업에 들어간다. 첫 번째 경우에, 당신은 교사의 강의와 동료들의 논평과 토의로부터 이득을 얻을 수 없을 것이다. 또한 당신은 중요한 공지와 가르침을 놓칠 것이다. 하지만 그 가운데 가장 최악의 것은 당신이 당신의 학교에 등록함으로써 그 일부가 될 지적 공동체에 사려 깊은 공헌을 할 책임을 가진다는 사실이다. 당신은 동료들의 인지적 그리고 도덕적 발전에 중요한 역할을 한다. 그리고 만일 당신이 참여하지 않는다면, 그러한 의무는 수행되지 않은 채 남겨진다. 두 번째 경우에, 만일 당신이 수업에 준비되지 않은 채 들어온다면, 강의와 토의는 당신에게 큰 의미가 없을 것이다. 당신이 자료를 통해 공부하는 동안에 실시간으로 당신의 질문들이 답변되도록 하는 것은 중요한 이득이다. 수업에서 질문을 함으로써 당신은 교수와 다른 학생들을 당신과 함께 어떤 문제를 숙고하도록 초대하였기 때문에, 당신의 아이디어들은 무대의 중앙을 차지하게 된다. 이것은 지적으로 대단한 만족을 줄 수 있다. 그것은 또한 논문을 쓰거나 시험을 치기 전에 텍스트에 대한 이해를 증진시키는 것을 도울 수 있다.

7.3 내용에 관한 질문을 하라

학생들이 물어보는 너무나 많은 질문들이 다음과 같은 사항들에 관계한다: (a) 논문에 대한 기대, (b) 시험의 내용, (c) 그들이 좋아하지 않는 점수, 그리고 (d) 철학은 왜 이렇게 어려운가. 학생들은 그들이 그 교과 과정에서 다루고 있는 자료에 관해 질문하는 것이 바람직할 것이다. 만일 학생들이 자료에 대한 잘 고려된, 잘 도달된 이해에 이른다면, 이러한 다른 문제들은 자연히 해결될 것이라고 생각하는 것이 안전하다.

7.4 주의 깊은 읽기와 쓰기의 어려운 과정을 존중하라

어려운 텍스트를 읽는 것은 많은 시간이 걸릴 것이다. 그러나 그것은 당신에게 다른 사려 깊고 창조적인 인간 존재와 연결되는 만족스러운 감각을 줄 수 있다. 추가적으로 그것은, 만일 우리가 주목한다면, 그로부터 많은 이득을 가질 수 있는 풍부한 문화적 유산에 대한 감상력을 길러 준다. 유사하게, 철학 논문을 쓰는 것은 느리고 고통스러운 과정이다. 철학자들은 논문에서 당신이 말한 모든 것이 수정같이 명확하고, 열정적으로 논증되며, 그래서 당신이 논의하고 있는 철학적 텍스트들에 의해 잘 증명되기를 기대한다. 당신은 주의 깊게 작성된 초고의 논문을 오로지 점수를 위해 제출해야 한다. 그래서 다른 좋은 필자들이 이전의 초고들을 비평해 주었어야만 한다. 이러한 과정은 힘에 벅찬 것이지만 핵심적인 것이다. 왜냐하면 다른 사람들이 당신이 가졌던 통찰들을 발견할 수 있고 그것들로부터 이득을 얻을 수 있는 것은 오로지 당신의 생각을 명확히 표현함으로써만 가능하기 때문이다.

철학적 글쓰기는 다른 사람들에게 논증을 전달하는 것뿐만 아니라, 우리가 가졌던 통찰들의 세부 사항들을 발전시키는 것에도 기능한다.[1] 빈번하게 우리는 우리가 구축하고 있는 혹은 비판하고 있는 논증들은 말할 것도 없고, 우리가 첫 번째 초고에서 펜을 들고 논문에 작업을 해 나가고 나서야 자신의 논증을 얼마나 훌륭하게 혹은 얼마나 형편없이 이해하고

>1 나는 나에게 철학적 글쓰기의 이런 측면을 논의하도록 주장한 콜렌 졸러(Coleen Zoller)에게 감사한다.

있는지를 깨닫게 된다. 내가 나 자신의 첫 번째 초고들을 돌이켜 볼 때, 일반적으로 나는 (a) 내가 상황을 불완전하게 이해하고 있을 때 초고를 쓸 준비가 되었다고 생각했다는 사실에 놀란다. 그리고 나서 (b) 더 나아간 면밀한 읽기와 주의 깊은 사고를 하지 않을 수 없었고, 비로소 다시 시도할 준비가 되었다고 느낀다. 철학자들은 글쓰기가 어려운 문제와 논증을 곰곰이 생각하여 해결하는 데 필수불가결한 일부라고 믿는 경향이 있다. 그리고 쓰고 다시 쓰고, 읽고 다시 읽는, 힘들고 벅찬 과정은 당신의 지적 그리고 학문적 발전의 핵심적 측면이다.

학생들은 어떤 철학 과정에서 그들이 작업하고 있는 자료들이 빈번하게 교사들 자신의 철학적 연구와 글쓰기 과정에서 그들이 작업하고 있는 자료들과 중첩된다는 사실을 의식하지 못할 수 있다. 이러한 관행의 이유들 중 두 가지가 주목되어야 한다. 첫째, 철학자들은 자주 그들이 한 논증을 다른 누군가에게 설명하지 못한다면 실제로 그것을 이해하지 못하고 있다고 느낀다. 이런 점에서 가르치는 것은 교사의 지적 발전에 없어서는 안 되는 것이다. 둘째, 철학 교사들은 학생들이 자료를 깊이 파고들 것이고, 문제들과 논증들에 참여할 것이며, 그래서 그들의 지적인 노고를 교실에서의 토의 과정에서 다른 학생들과 공유하고, 그들의 논문에서 교사와 공유하는 것을 진정으로 희망한다. 학생들은 그들의 글로 쓰인 작품 속에서 논증을 만들고, 구절들을 해석하고, 혹은 지식의 발전에 정말 기여할 수 있는 문제들을 제기할 기회를 가진다. 만일 당신의 교사가 그 또는 그녀의 연구 영역에 있는 자료들을 가르치고 있다면, 그 또는 그녀는 당신의 관심을 현재의 쟁점으로 나아가도록 조향할 수 있는 좋은 위치를 갖게 될 것이다. 그리고 당신은 결국 현재 활발하게 논쟁되고 있는 문제들과 텍스트들을 상세하게 설명할 수 있는 좋은 위치를 갖게 될 것이다.

7.5 철학을 하기가 왜 이렇게 힘든가?

오늘날 문화로 간주되는 많은 것들이 근본적으로 우리가 우리의 삶을 이끌어 가기 위해 의지하고 있는 믿음들에 관한 인내심 있고, 정직하고, 주의 깊고, 열정적인 사고하기와는 양립 불가능한 것들이다. 오늘날 통찰과 분석으로 간주되는 것들 — 정치가들의 입심 좋은 슬로건에서부터 텔레비전에 나온 무대를 갖춘 "논쟁"에 이르기까지 — 은, 실제로 참일 수 있는(그렇든 그렇지 않든) 것과 우리가 행하고 있는 신념과 행동의 방식을 위해 우리가 가지고 있는 어떤 정당화(만일 그런 것이 있다면)에 초점을 맞추고, 공정한 마음을 가지고서 고려하는 것과는 정면으로 반대되는 것들이다. 만일 지적인 교류의 가장 시각적인 모델 — 정치 논쟁 — 이 조립식 소리 조각들에 대한 이접적인 공적 예행연습으로 구성된다면, 우리는, 예를 들어, **인격성**에 대한 우리의 개념과 그 개념에 의해 배아가 포섭되는지 아닌지를 고통스럽게 분석할 수 있는 사회적 준비가 되어 있는 것 같지 않다.

만일 철학이 개념들을 탐구하고 참여들을 정당화하는 활동이라면, **철학적 참여를 충분한 것으로서 채택된** 개념이나 정당화로 생각하라.[2] 즉 누군가 (a) 어떤 개념이 어떤 대상을 분류하는 것을 통해 그 대상의 두드러진 특성을 포착하거나 (b) 어떤 근거가 합리적으로 어떤 명제를 믿을 수 있는 충분한 토대를 제공할 때마다, 그는 철학적 참여에 착수한 것이다. 이런 의미에서 모든 사람들은 철학적 참여를 한다. 왜냐하면 모든 사람들이 중요한 문제들에 관해 생각하기 위해 그들이 사용하는 몇몇 개념들은 충분하다고 생각하고, 그들이 중요한 결정을 하기 위해 받아들인 몇

---

[2]   철학에 대한 이러한 개념화는 8장에서 보다 충분히, 정교하게 제시될 것이다.

몇 정당화들 역시 충분하다고 생각하기 때문이다. 철학 실천하기의 가치를 고려할 때 물어볼 진짜 질문은 이것이다: 만일 당신이 불가피하게 철학적 참여를 해야 한다면, 당신은 그러한 참여가 당신 자신의 통찰과 가치로부터 나오게 할 것인가, 아니면 다른 누군가의 통찰과 가치로부터 나오게 할 것인가?

철학자들은 때때로 우리가 쉽게 사로잡히는 질문들이 어떻게 잘못 형성된 것인지, 그래서 소위 "심층적 질문들"에 대한 대답들이 어떻게 날카로운 통찰보다 선개념과 잘못된 개념에 의해 정보를 제공받았는지를 보여 주었을 때, 그들의 최선을 다했다고 생각한다. 철학자들은 과도하게 단순화된 혹은 평범하게 만들어진 문제들에 복잡성을 회복시킬 때 특별히 즐거워한다.

7.6 철학을 읽기가 왜 이렇게 힘든가?

심지어 신중한 독서와 연구를 마친 후에도 당신은 여전히 저자가 말하고 있는 것에 관해 어떠한 단서도 가지지 못할 때가 있다. 이는 누구에게나 일어난다. 나는 헤겔(G. W. F. Hegel)[3]의 저작을 읽을 때마다 이러한 것을 느낀다. 만일 당신이 읽고 있는 텍스트가 번역되었다면, 당신은 또 다른 번역자가 특히 성가신 어떤 구절을 어떻게 번역하였는지를 보기 위해 또 다른 번역을 검토할 수 있을 것이다. 더욱 좋은 것은 만일 당신이 원서의 언어를 읽는다면, 저자 자신의 말을 읽어 보러 가라. 다음과 같은

>3   헤겔(Hegel, 1770-1831)은 특히 독일 관념론을 발전시킨 것으로 알려진, 19세기의 가장 중요한 철학자들 중 한 사람이다. 만일 당신이, 19세기 철학, 현대 철학, 대륙 철학, 윤리학, 사회 및 정치 철학, 혹은 특히 그의 철학에 관한 세미나 등의 과정을 선택한다면, 그의 작품들을 읽게 될 것이다.

순서에 따라 문의될 때 두 개의 추가적인 자료들이 이용 가능하다. 첫째, 극소수의 학생들이 그들의 선생님들에게 도움을 청하러 간다. 교사들은 텍스트에 접근하는 길을 발견하려는 학생들과 함께 작업할 때 엄청난 기쁨을 얻는다. 그것은 정말로 당신의 교사가 철학을 가르쳐 생계를 꾸리기로 결심한 그럴듯한 이유들 중 하나이다. 둘째, 당신이 익숙해진다면 주석자의 글을 읽는 것은 때때로 유용할 수 있다. 예를 들어, 어떤 용어들이 그 철학자의 어휘 속에서 특별한 의미를 가진다는 것을 미리 아는 것은 도움이 될 수 있다. 주석자는 아마도 당신에게 그러한 용어들과 의미들을 경고해 줄 것이다. 물론, 만일 당신이 주석자의 글이 도움이 된다는 것을 발견하였을지라도, 당신은 여전히 당신의 논문을 쓰기 위해 일차 텍스트들을 가지고서 그 용어들에 도달해야 한다.>4

읽기에 가장 어려운 몇몇 텍스트들은 이미 원래 희랍어, 라틴어, 불어, 독어 등으로 시도된 적이 있는 텍스트를 영어로 번역한 것들이다. 그리고 우리가 읽은 가장 중요한 몇몇 철학자들은 문자 그대로 그들 각자의 언어로 철학적 글쓰기의 장르를 발명했어야만 했다. 주어진 언어로 우리의 가장 근본적인 신념들을 설명하기 위한 문체와 어휘를 최초로 만드는 것은 놀라운 성취이다. 학생들은 그 철학자를 너무나 강력하게 자극하여 그 또는 그녀가 단지 자신의 생각들을 표현하기 위해 관용구를 발명하는 것이 필수적이라고 생각하게끔 만들었던 그 생각들을 이해하려고 노력

>4 일차 자료와 이차 자료가 무엇인지 그리고 그것들을 어떻게 사용하는지에 대한 설명을 위해 ∮44와 ∮45를 보라. 비록 당신이 그 철학자가 어떤 용어로 무엇을 의미하는지를 이해하는 것을 도와줄 수 있는 참고서들(이는 ∮45에서 논의하였다)이 있지만, 표준적인 사전들은 대부분 결코 도움이 되지 못할 것이다. 왜 도움이 되지 않는지를 더 알기 위해서는 특히 ∮32를 보라. 이것은 철학 텍스트에 나온 중요한 용어들이 **전문적으로**(즉, 특별히 부가된 의미를 가지고서) 사용된 것이지 일상적 의미로 사용된 것이 아니라는 사실 때문이다. 전문 용어에 관해 더 많은 것을 알기 위해서는 ∮42를 보라.

해야 한다.

철학 교육 과정에서 당신에게 읽도록 부과될 텍스트들은 대부분 지금은 죽은 철학자들이 쓴 것들이다. 이것은 적어도 초급의 학생들에게 두 가지 도전을 제시한다. 첫째, 옛날 철학자들은 자주 우리 현대인들에게 친숙하지 않거나 지루하다고 여겨지는 표현 방식을 채택한다. 둘째, 비록 그들이 분투한 문제들 — 예를 들어, 거짓말을 하는 것은 항상 그른 것인지 아닌지 — 이 당신이나 당신의 동시대인들에 의해 공유된다고 할지라도, 그들은 불가피하게 (a) 그들의 논증을 (당신의 동시대인들이 아니라) **그들의** 동시대인들의 감각과 선입견을 향해 이끌어 갔다. (b) 그들의 입장을 (당신의 시대가 아니라) **그들의** 시대에서 맹위를 떨친 논쟁의 맥락 속에 위치시켰다. (c) 그래서 그 논의에 대한 — 몇몇 경우에 **가능했던** — 그들의 공헌 이후로 어떠한 진보가 이루어졌든지 간에 이로부터 어떤 이득을 얻는 데에는 실패하였다.

당신은 한 철학자의 텍스트를 적절하게 해석하기 위해 저자가 겨루었던 주요 인물들과 입장들을 이해해야만 한다. 하지만 당신이 단지 그 맥락을 이해해야 하기 때문에 그것에 관해 말해야만 하는 것은 아니다. 철학자들은 지적인 역사를 연구하고 그것에 자주 공헌한다. 그러나 그들이 산출하고자 목적했던 것은 보통은 다른 어떤 것이다. 요점은 흥미로운 철학적 논증이 자주 적어도 당신에게 당신이 설명하려는 저자와 문제의 지적 환경에 대한 친숙한 이해를 요구한다는 것이다.[5]

>5 철학적 텍스트들에 대한 주석자들은 자주 지적인 역사에 속한 것들을 논의하거나 사람들에게 그 맥락을 분리하여 다루고 있는 역사적 문헌을 지적한다. 이러한 경우에는 모든 이차적 자료들에서와 마찬가지로 이차 문헌들을 읽는 데 시간을 소비하기 전에 당신의 교사에게 문의하는 것이 최선이다. 일반적으로 이차 자료들은 고른 수준이 아니다. 교사는 당신에게 신뢰할 만하고 평판 높은 작품들을 지시해 줄 수 있다.

7.7 철학의 비판적 성격과 폐기되면 유용할 몇 가지 신화에 관해

우리의 개념들을 설명하고 우리의 정당화들을 연구하는 핵심은 우리의 개념들과 정당화들이 **비판적 검사**를 받도록 하는 데 있다. 우리의 몇몇 개념들은 그것들이 적용되기로 되어 있는 현상들에 불충분한 것일 수 있다. 예를 들어, 아마도 우리가 보통 인간의 인격성과 결부시키는 능력들이 태아, 배아, 포배낭, 접합자 속에는 부재할 것이다. 따라서 우리가 낙태를 토의하기 위해 사용하는 도덕적 어휘는 개혁될 필요가 있을지도 모른다. 우리가 현재 우리의 참여(심지어 근본적인 참여)를 위해 받아들이는 몇몇 정당화들은 면밀히 분석해 볼 때 불충분한 것으로 판명될 것이다. 예를 들어, 범죄자의 행위는 아마도 사형의 도덕성과 무관할 것이다. 따라서 사형을 지지하는 몇몇 논증들은 부당할지도 모른다. 철학적 반성은 우리의 개념들과 정당화들의 충분성에 초점을 맞추고, 우리가 세계에 대해 알고 있는 것과 우리가 믿음과 행동의 좋은 근거로 받아들이는 것에 맞서서, 그것들을 시험하는 것이다. 철학을 행할 때, 우리는 우리의 견해를 수정할 수 있고, 보다 적은 수의 잘못된 믿음을 주장할 것이며, 보다 나은 합리적 선택을 하게 되기를 희망한다.

7.7.1 모든 사람이 "그들의 의견을 개진할 권리를 부여받는다"라는 신화

몇몇 사람들은 그들의 참여들, 그들이 그것들에 착수할 때 행하는 정당화들, 그리고 그들이 그것들을 표현할 때 사용하는 개념들을 비판적으로 검토하는 데 방어적으로 반응한다. 나는 때때로 사람들이 "나는 나 자신의 의견을 말할 권리를 부여받았다"고 말하는 것을 듣는다. 이러한 진술 — 사실에 관한 여하의 다른 진술들과 마찬가지로 — 이 참일 수도 있고 거짓일 수도 있다는 것을 깨닫는 것이 중요한다. 결국, 어떤 것이 **부여되었다**고 하는 것은 어떤 것에 대한 **합법적** 주장, 즉 다른 사람들이 존중해 주어야만 하는 그것에 대한 **권리**를 가진다는 것을 의미한다.

내가 주장하는 모든 믿음이 단지 내가 우연히 그것을 주장하기 때문에 합법적이라는 것은 사실의 문제로서 (혹은 정의에 의해서) 참인가? 나는 나의 중요한 믿음들의 모든 것에 대한 충분한 정당화를 가지고 있는가? 다른 사람들이 내가 믿는 것이 무엇이든지 나를 합리적이고 착실한 사람으로서 존중해 주어야만 하는가? 각 경우에 있어 그 대답은 마땅히 "아니오"이다.

나는 미합중국에서 헌법상의 권리를 가지고 있고, 아마도 인생의 의미에 관한 나 자신의 결론에 이르도록 나 자신의 지성을 사용하여 그러한 결론을 광범위한 공적 행동 속에서 표현할 인간적 권리를 가지고 있다. 그러나 나는 한 공동체 안에서 **알고 있고**, **타당하게** 추리하고, **합리적으로** 믿고, **올바르게** 행동하는 사람으로서 서기 위해 다른 사람들과 마찬가지로 나의 모자를 링 위에 던져야만 한다. 그리고 내가 생각하고 행동하는 근거를 제시하는 작업을 시작해야 한다. 자격을 부여받고 정당화된다는 것은 한 사람이 그 또는 그녀의 견해를 위한 합리적 지지를 성공적으로 제공함으로써만 획득할 수 있는 속성이다. 내가 우연히 어떤 것을 생각한다는 사실 그 자체는, 내가 우연히 경주에 참가했다는 사실이 내가 **우승을 했다**는 것을 의미하는 것이 아니듯이, 내가 인식론적으로, 논리적으로, 합리적으로 혹은 도덕적으로 **성공적이었다**는 것을 의미하지 않는다.

나는 사람들이 "나는 나 자신의 의견을 말할 권리를 부여받았다"고 말하는 것이 너무나 자주 대화를 끝내기 위한 그들의 바람을 지시하는 것이라고 생각한다. 아마도 그들은 그들의 의견이 더 이상 어떤 특정인에 의해 혹은 어떤 특정한 방식으로 비판되기를 바라지 않았을 것이다. 아마도 그들은 예의 바르게 대화를 끝내려고 애쓰고 있으며, 이상한 견해나 나쁜 방식을 가진 사람과의 교제로부터 그들 자신을 구하려고 애쓰고 있는 중일 것이다. 이것들 각각은 근본적으로 사회적 방어 기제들이다. 그리고 그와 같은 것으로 사용될 때, 그것들은 완벽하게 합리적이다. 단지 우리가 그 진술, "나는 나 자신의 의견을 말할 권리를 부여받았다"를 부디 문자 그대로 참이라고 생각하지는 말자!

7.7.2 모든 사람의 참여는 "그들에게는 참이다"라는 신화

"그것은 나에게는 참이다"라는 표현은, 내가 생각하기에, "그것은 당신에게는 거짓일지 몰라도 나에게는 참이다"라는 것의 축약된 버전이다. 아와다(Awada) 여사에게는 참이지만 백스터(Baxter) 씨에게는 거짓일 수 있는 어떤 좋은 사례를 생각하기는 어렵다. 내가 생각할 수 있는 최선의 예는 "세상은 차갑고 비우호적인 곳이다"와 같은 가치 평가적 진술이다. A 여사는 사물들을 그렇게 바라볼 수 있고 B 씨는 그렇지 않을 수 있다. 그 진술은 세상에 관해 주장하려는 의도를 가진다. 따라서 우리는 "**세상에 관한** 한 진술(즉, 그것은 차갑고 비우호적인 곳이라고 말하는 것)이 참이 되기 위해서 **세계 내에서 무엇이** 그러한 사례여야만 하는가?"라고 물어보아야만 한다.

　나는 세상이 차갑고 비우호적이라고 말하는 것은 **세계 내의 많은 대상들이 공통의 우정을 가진 우호적 교섭에 반응하지 않는 경향이 있다**는 것과 같은 것을 의미한다고 가정한다. 건물과 물과 질소 원자들이 성가시게 누군가의 사회적 매력에 대해 무관심할 수 있는 한, 이러한 어떤 것이 있을 수 있다. 그러나 B 씨는 그가 자연의 지적 설계 속에서 편안함을 발견하였기 때문에 이에 동의하지 않는다. 그것은 인간 존재들을 위한 창조

자의 사랑에 대한 명백한 증거였다(라고 그는 확신한다). 이제 A 여사와
B 씨는 다른 정서와 연상을 가지고 사실들에 반응할 것이다. 그러나 어
느 쪽도 A 여사가 직면한 사실들이 B 씨가 직면한 사실들과 다르다는 것
을 제안하지는 않는다.

"나에게 참된"이 정합적 개념이라고 생각하는 사람은 다음의 반대에
이의를 제기할 수 있다. 사람들이 **대상들에 대해** 취하는 태도는 **대상에 관
한** 어떤 진술이 참인지를 결정하는 사실들 가운데 있다. 즉 대상들에 관
한 어떤 사실들은 그들이 다른 대상들에 대해 가지는 관계성에 의해 결정
된다. 따라서 아마도 우리의 예에서 문제시된 세상의 속성은 **"그러저러
한"** 것에 의해 **"이러저러한"** 관계적 속성이 차갑고 비우호적인 것으로 지
각된 것이다. A 여사에 의해 세상은 차갑고 비우호적인 것으로 지각되었
기 때문에 "B 씨에 의해 세상은 차갑고 비우호적인 것으로 지각된다"는
진술은 거짓이다. 하지만 이것이 A 여사에게 참인 것이 B 씨에게 거짓이
라는 것은 보여 주는 것은 아니다. A 여사에게는 참이지만 B 씨에게는 거
짓인 **한** 진술 대신에 우리는 두 진술을 가지고 있다: 하나는 A 여사에 관
한 것이고 참이다. 다른 하나는 B 씨에 관한 것이고 거짓이다. 비록 B 씨
가 세상의 성격에 관해 A 여사에게 동의하지 않는다고 할지라도, 그들이
각자 개별적으로 그것을 지각하였다는 것에 동의하지 못할 이유는 없다.

대신에 A 여사는 B 씨가 그의 판단 속에서 잘못된 기준을 적용하였다
고 말할 수 있다. 아마도 물리적 세계의 복잡하고 아름다운 미시적 구조
를 고려하는 것은 세상이 차갑고 비우호적인 것인지 아닌지를 결정하는
데 있어 잘못된 **수준**에서 세계를 보는 것일 것이다. 그녀는 세계 내의 대
상들의 극미한 **구성 요소들**이 아니라 **대상들**에 관해 이야기하고 있다. 만
일 A 여사와 B 씨가 화랑에 있으면서, A 여사는 흰 캔버스 위에 초록색
네모가 있는 유화를 좋은 그림이라고 생각하는 반면에, B 씨는 그것이

나쁜 그림이거나 괜찮은 실천적 농담이라고 생각한다면, 유사한 불일치가 일어날 수 있다. A 여사는 그 그림이 보는 자의 관심의 초점을 공간을 차별화시키는 하나의 수단으로서의 색깔보다는 **색깔 그 자체**에 맞춘 것이며, 그것이 그 그림을 흥미롭게 만들고, 이러한 점이 그 그림을 좋은 것으로 만든다고 말할 것이다. B 씨는 그 그림은 아름답지도 기술적으로 우수하지도 않으므로 그 그림은 나쁜 것이라고 말할 것이다.

그러나 A 여사와 B 씨가 실제로 **그 그림에 관해** 불일치하는 것일까? B 씨는 색깔에 초점을 맞추었다는 점에서 그 그림이 혁신적이라고 말하는 A 여사의 지적을 인정할 수 없는 것일까? 그리고 A 여사는 그 그림이 아름답거나 기술적으로 우수하지 않다는 B 씨의 지적을 인정할 수 없는 것일까? 하지만 그럼에도 그들이 여전히 그 그림이 **좋다**거나 그렇지 않다는 것에 관해 불일치할 수는 없는 것일까? 그렇다. 그들이 불일치할 수 있는 이유는 그들이 미적 판단을 행할 때 적용하는 올바른 기준이 무엇인지에 관해 불일치하고 있는 것이다. 그러나 A 여사와 B 씨가 각자 그들 사신의 미적 진리의 사적인 영역을 가지고 있다 — 누군가에게는 참인 것이 다른 누군가에게는 거짓인 그러한 것이다 — 는 것을 제안하고 있다는 점을 제외한다면, 이러한 불일치는 그림의 질에 관한 것이 아니라 예술의 본성에 관한 것이다. 이러한 예가 보여 주듯이, 일단 우리가 사람들이 가치 판단을 할 때 그들이 실제로 의미하는 것과 이러한 판단들이 어떤 조건하에서 참인지를 고려한다면, 한 사람에게 참인 것이 다른 사람에게 거짓일 수 있다는 것에 대한 최초의 인상은 **자주** 사라져 버린다.

사람들이 "나에게는 참이다"라고 말하는 진술의 망령을 제기하는 또 다른 맥락은 윤리적 판단들과 종교적 판단들에 대해 논의할 때이다. A 문화는 영아 살해를 도덕적으로 정당화될 수 있다고 보는 반면에, B 문화는 영아 살해를 도덕적으로 혐오하는 것으로 볼 수 있다. 사람들은 영아 살해가 도덕적으로 옳다는 것이 A 문화에서는 참인 반면에, 영아 살해는 도덕적으로 그르다는 것이 B 문화에서는 참이라고 말하려는 유혹을 받는다. 여기에서 나는 어떤 철학적 흥미를 가진 제안을 하고 있다고 생각한다. 만일 그 제안이 진리의 개념에 대해 존재하는 모든 것이 한 문화 혹은 한 개인에 의해 받아들여진다면 말이다.

그 제안은 **참이라기보다는 도덕적이라는 것**에 초점을 맞추기 위해 달리 설정될 수 있다: 하나의 행동이 도덕적으로 올바르다거나 그르다는 것이 뜻하는 모든 것은 한 문화의 행동 규범에 따라 그 행동이 승인되거나 불승인되는 것이다. 이러한 견해는 **도덕적 상대주의** — 보편적으로 타당한 어떠한 도덕적 원리들도 없고, 도덕적 판단들을 객관적으로 참 또는 거짓이라고 판단할 어떠한 도덕적 사실들도 없다는 견해 — 라고 불린다. 그리고 그것은, 비록 여전히 잘못된 것일 수 있을지라도, 전혀 우스꽝스럽지 않은 흥미로운 철학적 입장이다. 그러나 받아들일 만한 어떠한 다른 철학적 입장들에서처럼, (상대주의자들에게조차도) 진리와 도덕이 상대적이라는 것은 **명백히** 참이 아니다 — 그것과는 거리가 멀다. 도덕적 상대주의는 심각한 반대들, 즉 문화는 상대주의가 폭로하는 것보다 덜 단일하고 내적으로 더 경합적인 것 같다는 관찰을 극복해야만 한다. 따라서 만일 **문화**가 획일적이지 않고 전통이 하나 이상의 목소리를 낸다면, 진리와 도덕이 실제로 **무엇에 대해** 상대적인지가 명확하지 않다(Appiah 1993: ch. 9; Bilgrami 1995; Nussbaum 2000: ch. 1).

예를 들어, 역사가들이 21세기의 미국 시민에게 지금으로부터 300년 전의 어떤 도덕적 판단을 부여한 경우를 선택해 보자 — 예를 들어, 미국이 사담 후세인(Saddam Hussein)을 이라크의 권좌에서 제거한 것은 정당화되었다(혹은 정당화되지 않았다). 그리고 스스로에게 다음을 물어보라: (a) 오늘날 모든 미국 시민은 이러한 도덕적 판단에 동의하고 있는지 아닌지, 그리고 (b) 애매하지 않고 논쟁의 여지가 없는 — 즉 다른 방향을 지시할 어떠한 중요한 증거도 없는 — "권리와 정의에 대한 미국적 원리들"이 어떤 도덕적 판단에서 나오는 것인지 아닌지. 두 가지 질문에 대한 명백한 대답은 "아니오"이고, 그것은 한 문화의 가치와 전통은 몇몇 상대주의자들이 가정하는 것보다 훨씬 더 유동적인 경향이 있다는 것이다. 이 모든 것의 결말은 상대주의 — 다른 어떠한 철학적 입장도 마찬가지로 — 가 명확하게 설명되어야만 하고 열정적으로 옹호되어야만 한다는 것이다.

"모든 사람이 그들의 의견을 개진할 권리를 부여받는다"라는 표현에서와 마찬가지로, 나는 사람들이 "글쎄, 그것은 나에게는 참이야"라고 말하는 대부분의 경우에 실제로 그들은 그들이 취한 명제가 참이라는 것을 가정하지 않고, 오히려 또 다른 사회적 대처 기제를 활용하는 것이라고 생각한다. 사람들은 역시 때때로 무슨 이유에서든지 대화를 끝내기를 바란다. 그리고 심지어 철학자들도 때때로 그렇게 할 필요성을 이해한다. 그럼에도 불구하고, 만일 당신이 현실적으로 진리 혹은 도덕이 상대적이라는 매우 논쟁적인 철학적 주장을 하기를 원한다면, 코를 푸는 것과 같은 인과적 무관심을 가지고서 그것을 주장하지는 마라.

언젠가 사람들은 중요한 문제들에 대해 지금 우리와는 우연히 다른 결론에 이르렀기 때문에 다른 사람들, 다른 문화들, 다른 시대들의 견해들이 무시되거나 조롱되어서는 안 된다는, 칭찬할 만한 그리고 자비로운 감정을 표현하게 될 것이다. 다른 사람들의 견해는 적어도 우리 자신의 것만큼이나 이해되고 검토될 가치를 지닌다. 이것이 "인류의 대화" — 마이클 오우크쇼트(Michael Oakeshott)[6]의 표현을 사용하였다 — 에 참여

>6 마이클 오우크쇼트(Michael Oakeshott, 1901-90)는 런던 경제학부에서 가르쳤던 정치 철학자였다.

한다는 것이 의미하는 바의 일부이다.

  너무나 자주 우리는 그들 자신의 것과 다른 견해에 대해 인내심 없고, 참을성 없으며, 무지함을 보여 주는 사람들과 마주친다. 몇몇 사람들은 그러한 나쁜 지적 형식을 보여 주는 데 대해 교차-문화적이고 간주관적인 비평이 합법적이라는 것을 거부하고, 각각의 문화와 전망은 도덕과 진리에 대해 그 자체의 정당한 주장을 가진다고 단언함으로써 (상당히 실수한 것인데), 이에 반응한다. 하지만 보통 계몽되지 않은 상대방에게 대응하는 올바른 방식은 잘못의 원천을 설명 — 인내심 없고, 참을성 없으며, 무지한 것을 지적함으로써 — 하는 것이다. 만일 당신의 유일한 목적이 시민성과 공정한 마음을 회복하는 것이라면, 상대주의/보편주의 논쟁의 거친 물결 속으로 가파르게 뛰어들 필요까지는 없겠지만 말이다.

8. 철학을 한다는 것은 무엇을 의미하는가?

나는 처음부터 이 장에서 내가 탐구하려는 견해가 철학에 대한 **한 가지** 견해라는 것을 강조해야만 하겠다. 나는 독자를 오직 현대 철학자들의 주요 관심의 **일부**에만 정향시킬 목적으로 그것을 제안한다. 그러면서 나는 독자에게, 철학적 텍스트들을 읽을 때 그 또는 그녀가 마주치게 될 것과 그 또는 그녀의 교사들이 철학 논문에서 마주치기를 기대하는 것에 대한 보다 나은 이해가 있기를 희망한다.

철학자들은 자주 철학이 무엇인지 혹은 철학적 사고하기와 글쓰기에서 무엇을 중요하게 여기는지에 관해 일치되지 않는다. "철학이 무엇인가, 그것이 어떻게 행해져야만 하는가, 그리고 그것은 왜 중요한가?"라고 묻는 것은, 또 다른 탐구 분야에서 그것의 정체성을 재조사할 때 생겨나는 것과 같은 인식론적 혹은 방법론적 위기의 징후가 아니라, 철학적 탐구의 지속적인 구성 요소라는 점에서, 철학의 특징은 뚜렷하다. 의심의 여지없이, 당신의 교사들과 당신이 연구하는 텍스트들은 면밀한 탐구를 할 가치가 있는, 철학에 대한 대안적 견해들을 제공할 것이다. 그럼에도 불구하고, 다음에 나오는 것이 당신으로 하여금 그러한 대안들과 씨름하고, 철학이 무엇이고 그것이 어떻게 행해져야만 하는가에 대한 당신의 견해를 발전시키는 것을 준비하는 데 도움이 되었으면 하는 것이 나의 희망이다.

우리가 누구이고, 우리가 어떻게 세계의 나머지 속으로 짜여 들어가는지에 관한 질문들에 대답하는 것은 우리가 어떻게 우리의 삶을 살아갈 것인지에 관해 추리된 실천적 결정을 하게 되는 과정의 첫 단계이다. 당신이 자신을 자연 선택의 산물로 생각하는지, 혹은 신의 형상에 따라 창조된 타락한 존재로 생각하는지, 혹은 무의미한 세계 속의 목적 없는 존재로 생각하는지에 따라, 아마도 당신은 당신의 삶의 핵심과 다른 사람들에 대한 당신의 의무에 대해 다르게 생각할 것이다. 아마도 우리 모두가 단지 우리 가족, 선생님, 종교, 그리고 문화에 노출된 덕분에 인간의 조건에 관한 한 가지 견해는 가지고 있을 것이다. 그러나 지적인 성숙의 요구 조건들 중 하나는, 자기 자신에 대한 이해를 형성할 때, 능동적이고, 비판적이며, 그리고 반성적인 역할을 하는 것이다.

철학의 가치에 관해 생각하기 시작하는 한 가지 방식은 다음의 질문들을 물어보는 것이다: 만일 다수의 사람들이 근본적인 도덕적, 정치적, 그리고 과학적 중요성을 지닌 문제들에 관해 생각하지 않는다면, 누가 혜택을 볼 것인가? 경제적, 과학적, 정치적, 그리고 사회적 정책들에 관해 신중하고 창조적으로 생각하는 것은 어떤 종류의 도덕적 혹은 정치적 행동인가? 만일 시민들이 철학적 탐구를 그들의 시민적 의무들 가운데 하나로 본다면, 사회는 어떤 모습일까?

계몽 사상가들과 그들에 대한 가장 공격적인 비평가들이 공유한 하나의 가정이 있다. "사회적 자유는 계몽된 사상과 분리 불가분하다(Horkheimer and Adorno [1944] 1995: xiii)."[1] 철학은 우리에게 매우 중요한 문제들이 명확하게, 그리고 주의 깊게 사유되는 활동이다. 참여들과 개념들은 열정적인 공적 비판에 의해 검토되어야 한다. 우리는 자유롭고 개방된 탐구 아래에서 우리 자신을 서로에게 설명하고 정당화함으로써 서로에게 더 다가가게 되고, 희망컨대, 진리에 더 다가가게 된다.

8.1 철학자는 우리의 개념과 참여를 탐구한다

철학자들은 사람들이 보통 두 번 생각하지 않고 진술하고 받아들이는 해롭지 않고 건전한 명제들을 채택하여, 만일 그러한 명제들이 참이라면 이상하고 받아들일 수 없는 귀결이 어떻게 논리적으로 도출되는지를 보여 주는 것을 좋아한다. 우리는 보통 발생하는 모든 것들이 선행하는 원인들에 의해 발생하도록 **결정되어** 있다고 말할 때 상당히 안심이 된다. 그러나 그렇다면 우리의 삶에 관해 **자유로운** 결정을 하는 우리의 능력은 어떻게 되는 것인가? 우리는 한 사람의 성격이 그녀 또는 그의 양육과 환경에 의해 **결정된다**고 말하는 것에 관해 두 번 생각하지 않는다. 그러나 그렇다면 우리는 어떻게 한 사람의 행동에 의해 그녀 또는 그가 도덕적으로 **설명 가능하다**고 주장할 수 있는가? 우리는 진리가 한 역사적 시기, 한 문화, 혹은 심지어 한 사람에게 **상대적**이라고 주장할 수 있다. 그러나 그렇다면 **참인 것**과 어떤 사람(혹은 교육 과정 혹은 문화 혹은 시기)이 어떤 주어진 시간에 우연히 생각한 것 사이의 구별은 어떻게 되는 것인가?

이러한 수수께끼들을 발생시키는 참여들은 아마도 처음에는 상당히 합리적으로 들렸을 것이다. 예를 들어, 모든 사건들은 결정적인 원인들

> 1 주체성의 역사적 형성에 대한 비판적 반성에 관해서는 미셸 푸코(Michel Foucault)의 입장 또한 고려하라. 그는 주체성을 계몽주의의 철학적 **관습**(ethos)으로 여기고 있다: "나는 이 과제가 나의 한계에 대한 작업, 즉 자유에 대한 우리의 조바심에 형식을 주는 인내심 있는 노동을 요구한다고 계속 생각해 왔다(1998: 319)".

을 가진다는 생각은 자연 과학의 가장 기본적인 원리들 가운데 하나가
아닌가? 그럼에도 불구하고 일상적으로 가장 건전하게 들리는 진술의 **귀
결**은 심각한 문제를 일으킬 수 있다. 결국, 적어도 때때로 우리가 **자유롭
게** 선택할 수 있다는 것은 우리 자의식(self-conception)의 일부이다. 비
록 대부분의 사건들이 인과적으로 결정되어 있다고 하더라도 말이다. 그
래서 사람들은 시계가 작동하는 것과는 다른 방식으로 그들의 행위 때문
에 도덕적으로 **설명 가능하다고** 주장된다. 그리고 적어도 몇몇 명제들 —
예를 들어, **에베레스트 산은 엠파이어 스테이트 빌딩보다 높다** — 은 보편적
으로 참이다. 일단 혼란을 일으키는 이러한 난점들을 우리가 깨닫는다
면, 우리는 합리적이고 건전한 명제들을 받아들일 때조차도 우리의 가정
들과 직관들에 대해 보다 신중한 태도를 취하게 될 것이다.

그 자체로 고려될 때 각 문화가 그 자체의 진리를 가진다는 제안은 특
별히 문제를 일으키지 않는다는 점에 주목하라. 그것은 오직 우리가 (a)
이 제안이 우리가 받아들인 다른 진술들에 부합하는가. 그리고 (b) 이러
한 진술이 참이라면 세계는 어떠했어야만 하는가를 고려할 때 문제를 일
으키게 **된다.** "에베레스트 산은 엠파이어 스테이트 빌딩보다 높다"는 것
이 모든 사람에게 모든 곳에서 참이라고 생각하면서, 보편적 진리는 없
다고 생각하는 것은 정합적인가? "에베레스트 산은 엠파이어 스테이트
빌딩보다 높다"는 것이 어떤 곳에서는 **참**이지만 다른 곳에서는 **거짓**이기
위해 세계는 어떠했어야만 하는가? 이와 같은 질문들을 물어봄으로써 철
학자들은 명제들이 어떻게 도출되고, 지지되고, 모순되고, 혹은 다른 확
실한 명제들과 무관한지를 보여 주면서, 그것들을 그들의 논리적 맥락
속에 두려고 노력한다. 이런 식으로 명제들은 논리적으로 상호 연관된
것으로서 제시된다.

우리의 일상적 삶 속에서 우리는 보통 명제들 간의 상호 연관성에 특별

히 주목하지 않는다. 그리고 이런 이유로 이러한 상호 연관성의 구조는 암묵적인 것으로 남아 있다. 철학자들은 믿음들 혹은 명제들이 상호 연관되는 방식을 예시하기 위해 **웹** 혹은 **네트워크**라는 은유를 사용해 왔다(예를 들어, Quine and Ullian 1978). 철학은 이러한 상호 연관성을 **명시적으로** 만드는 것을 목적으로 삼는 하나의 활동으로 볼 수 있다. 예를 들어, 로버츠 브랜덤(Robert Brandom)[2]은 철학자들의 중심 과제들 중 하나가 "개념의 사용 속에 암묵적인 것을 명시적으로 만들기 위한 표현의 도구를 개발하고 적용"하는 것이라고 주장해 왔다(Brandom 2004: 74).

나는 이 점에서 브랜덤이 정확히 옳다고 생각한다. 따라서 나는 다음에서 **개념들과 참여들을 명시적으로 만듦으로써** 내가 이해한 것을 설명하고자 한다. 우리의 이론적 그리고 실천적 참여들은 개념 사용을 통해 분명해지기 때문에 기본적으로 철학을 한다는 것은 그것들의 구조를 연구하는 것을 의미한다. 즉 철학을 함으로써 우리는 한 진술을 참으로 만들기 위해 무엇을 취해야 하는지, 한 진술을 받아들일 근거로 간주되는 것은 무엇인지, 그리고 한 사람이 진술을 할 때 어떤 종류의 이론적 그리고 실천적 참여에 착수하는지에 대한 우리의 의식을 증가시키는 방식을 발견한다.

8.2 철학은 우리의 개념과 참여 속에 함축된 것을 해명한다

우리는 우리가 참이라고 여기는 어떤 진술을 주장할 때마다 하나의 참여

---

[2] 브랜덤은 피츠버그 대학에서 가르치고 있다. 그리고 의미에 대한 이론, 진리에 대한 이론, 논리적 관계들에 대한 이론을 포함하는, 소위 "의미론"으로 불리는 분야에서 활발하게 활동 중이다. 그의 출판물 목록은 〈http://www.pitt.edu/~rbrandom/〉에서 찾아볼 수 있다.

를 표현한다. 만일 내가 "줄기 세포 연구는 도덕적으로 그르다"라고 말한 다면, 나는 한 개념(**도덕적으로 그른**)을 어떤 대상(**줄기 세포 연구**)에 적용 하고 있는 것이다. 이러한 도덕적 판단은 내가 하나의 진리 주장을 하는 합리적 사람으로서 설명될 수 있는 하나의 참여를 표현한다. 다른 합리 적인 사람들은 내가 나의 주장에 대한 충분한 근거들을 제공하는지 여부 에 따라 내가 이러한 도덕적 판단을 주장할 자격을 가진다고 여길 것이 다 — 즉 그들은 나를 한 도덕적 개념의 이러한 적용에 관한 진리-담지자 로서 고려할 것이다.

"줄기 세포 연구가 도덕적으로 그르다"라고 말하는 것이 무엇을 **의미 하는지**를 드러내는 한 가지 방식은 무언가 도덕적으로 그르다고 말하는 **근거**로서 어떤 것이 자격을 가지는지를 물어 보는 것이다. 진정한 도덕적 근거가 무엇인지에 관한 불확실성은 도덕적 판단이 일차적으로 무엇을 의미하는지에 관한 불확실성을 지시한다. 예를 들어, 비록 "줄기 세포 연 구가 도덕적으로 그르다"는 주장은 흔해 보이지만, 다음 사항들이 자신 에게 분명하게 명확한지 아닌지를 물어 보라: (a) 어떤 사실들이 "줄기 세포 연구가 도덕적으로 그르다"는 것이 참이라는 것을 보여 주는 경향 이 있는가, 그리고 (b) 만일 그 진술이 참이라면, 우리가 생각하고 행동 하는 방식에 대한 그 귀결은 무엇이 될 것인가. 만일 첫 번째 진술에 대한 대답이 "도덕적 사실들"이라면, 우리는 그것들이 어떤 것인지, (만일 그 렇다면) 다른 종류의 사실들과 어떻게 다른지, 그리고 그것들을 어떻게 발견할 것인지에 대한 설명을 요구할 것이다. 더욱이, 만일 첫 번째 질문 에 대한 대답이 "줄기 세포 연구에 관한 문장을 진술하는 사람의 정서에 관한 사실들"이라면, 그것은 메타윤리학에서 "정의주의(emotivism)"라 고 불리는 견해이다. 그러고 나면 질문 (b)가 매우 중요해 보인다. 왜냐 하면 우리는 한 사람의 부정적 정서들이 과학 정책, 혹은 진실로 다른 누군가의 도덕적 판단에 어떻게든 관계 하는지 아닌지를 물어보아야만 하기 때문이다. 줄기 세포 연구의 도덕성에 관해 철학적으로 생각한다는 것은, 우리가 도덕적 판단을 하고 도덕적 판단을 참이라고 받아들이게 하는 정당화를 만들 때, 우리가 사용하는 개념들을 분석할 것을 요구한다.

나는 "개념 사용"으로써 단순히 사고 혹은 명제(예를 들어, **저 눈은 희다**)를 형성하는 것을 의미한다. 우리는 속성을 대상에 귀속시키기 위해 개념들을 사용한다. 개념이 우리의 마음속에 있는 것인지, 우리 뇌의 신경 패턴인지, 혹은 개념을 가진다는 것이 다름 아닌 단어를 어떻게 사용하는 것인지를 아는 것인지 아닌지는 흥미로운 질문이다. 나는 뒤이은 논의에서 이런 (혹은 다른) 대안들 가운데서 어느 쪽이 선호되는지에 관해 불가지론적인 입장을 갖기를 원한다. 그리고 단순히 사고들을 생각하고 세계에 관해 참일 수 있는 명제들을 형성하기 위해 개념들을 사용하는 것에만 초점을 맞추고자 한다.

당신과 내가 스토브 위의 물주전자를 보면서, 그것이 끓을 때를 기다리고 있다가, 그것이 끓을 때 "끓는다!"라고 외칠 것이라고 상상해 보라. 물속에 온도계가 매달려 있는데, 그것은 화씨 212도가 될 때 "끓는다!"라고 말하는 녹음된 목소리를 작동할 것이라고 상상해 보라. 물이 그 마법의 온도에 이르렀을 때, 당신, 나, 그리고 온도계가 각자 일제히 "끓는다!"라고 보고하는 것을 상상해 보라. 우리가 했던 것과 온도계가 했던 것 간의 차이는 무엇인가?[3]

여기서 내가 탐구하려는 철학에 대한 견해는 **우리**가 하나의 개념을 적용하였고 한 진술의 진리에 참여하는 것에 착수 — 즉 우리는 "끓는다"라는 개념을 물이라고 불리는 팬 속의 물질에 적용하였다 — 했던 반면에,

---

[3] 여기서 나는 브랜돔(Brandom)의 책(2001: 17 이하)에 나온 그의 개념에 대한 논의의 방향을 따른다.

온도계의 소리는 물의 온도 변화에 대한 기계적인 결과라는 것이다. 우리가 한 개념을 사용할 때, 우리는 그 개념의 그 현상에 대한 우리의 적용을 위한 근거들을 제공함으로써 지지될 수 있는 참여에 착수한다. 짐작건대 당신과 나는, 부글거리는 거품들 혹은 끓는 증기 혹은 기타 등등을 보았기 **때문에**, "끓는다"라고 보고하였다. 우리는 "끓는다"라는 개념을 물에 적용하기 위한 근거들로서 이러한 관찰들을 인용할 수 있을 것이다. 그리고 이런 유사한 관찰들(그리고 이러한 관찰들을 촉진하는 사실들)이 부재할 때, 우리가 물에 관한 주장을 하기 위해 "끓는다"라는 개념을 사용하는 것은 우리의 동료들에 의해 도전을 받게 될 것이다. 만일 우리의 진술이 관련된 관찰들에 의해 지지받지 않는다면, 우리는 "끓는다"라는 개념이 물과 같은 물질에 적용되는 규칙을 파괴하는 모험을 감행해야만 한다.

내가 어떤 것이 그러한 경우**라고** 주장할 때, 이것은 내가 그 진술을 참으로 채택해야 한다고 추천하는 공적인 행동의 한 가지 구체적 형식이다. **물이 끓는다**라고 주장함으로써 나는 그것과 더불어 어떤 책임을 끌어들이는 하나의 입장을 가진다. 예를 들어, 나는 이러한 주장을 하기 위한 나의 근거들을 진술할 준비를 해야만 한다. 그리고 그 개념들에 대한 나의 파악 — 실제로 나의 합리성 — 은 내가 하는 다른 주장들과 내가 취하는 다른 행동들이 이 진술과 내가 그것을 지지하기 위해 끌어들인 정당화와 일관성을 가지는지 아닌지에 따라 판정될 것이다. 만일 내가 근거들을 주고 요구하는 게임을 성공적으로 수행한다면, 나는 **한 개념을 아는 자, 그것을 믿음에 있어 정당화된** 자, 혹은 **그것을 가진** 자로서의 사회적 지위를 획득할 수 있을 것이다. 반면에 온도계가 물이 끓는다는 것을 정확히 보고할 때, 우리는 물이 끓는 것을 믿음에 있어 그것이 정당화된다거나, 그 개념 **끓는다**가 그것이 가라앉은 액체 속에 적용된다고 말하지 않는다. 우리는 단지 그것이 유용한 도구의 방식으로 **작동한다**고 말할 뿐이다.

　만일 당신과 내가 그 개념 "끓는다"를 물에 적용한다면, 우리는 그 자체로 다른 참여들을 위한 하나의 근거로서 기여할 수 있는 하나의 참여에 관여하는 것이다. 예를 들어, 우리는 막 부엌에 들어와서 주전자를 집어든 또 다른 사람이 데이지 않도록 주의를 해야만 한다고 진술할 수 있다. 만일 끓는 물과 데이는 것을 연계시키지 않는다면, 우리가 실제로 "끓는다"의 개념적 내용을 파악했는지 아닌지 그리고 우리의 진술이 도대체 완전히 합리적인지 아닌지를 물어보는 것은 열려 있을 것이다. 개념 사용하기가 우리의 행위를 조직하고 우리 자신을 표현하기 위해 언어를 사용하는 사회적 실천의 일부인 것은 어떤 주장을 하기 위해 한 개념을 사용하는 것이 우리가 **하는** 것(우리가 **생각하는** 것을 포함하여)에 영향을 주기 때문이다.

　예를 들어, 지식의 개념을 고려해 보자. 어떤 사람(그녀를 "S"라고 부르자)에 관해 그녀가 어떤 명제(그것을 "p"라고 부르자)를 **안다**고 말하는 것은 무엇을 의미하는가? 우리는 개념 그 자체에 초점을 맞춤으로써 이 질문에 대답하려고 노력할 수 있다. 우리는 한 아이가 "안다"라는 개념 혹은 단어를 어떻게 사용하는지에 관해 생각해 볼 수 있을 것이다. 만일 다섯 살 먹은 소녀가 새로 알게 된 사람으로부터 몇 살이냐는 질문을 받는다면, 그리고 그 소녀가 "모르겠어요"라고 대답한다면, 소녀의 엄마는 "너는 할 수 있단다 — 네 생일 케이크에 초가 몇 개나 있었니?"라고 말함으로써 그 소녀에게 용기를 줄 수 있을 것이다. 만일 그 소녀가 자신의 생일 케이크에 얼마나 많은 초가 있었는지를 기억할 수 있다면, 그리고 생일을 맞이한 소녀가 살았던 햇수만큼 케이크에 초를 하나씩 얻는다는 것을 안다면, 그 소녀에게 자신의 나이에 관한 지식을 귀속시키는 것은 옳은 것일까? 그것이 그 소녀가 자신의 나이를 **아는** 경우가 되려면, "나는 다섯 살이에요"라는 생각이 그 소녀에게 명시적으로 일어나야만 한다. 더 일반적으로 한 사람은 자신이 (현재) 의식하지 못하는 어떤 것을 **알** 수 있을까?

우리는 이 예를 고려해 봄으로써, 즉 소녀가 무엇을 말하는지, 어떻게 행동하는지, 무엇을 의식하는지, 무엇을 행위하는지 등이 주어지면 특정한 사람에게 지식을 귀속시키는 것이 올바른 것인지 아닌지를 고려해 봄으로써, 한 단어 혹은 개념에 대한 실험을 시작했다. 그리고 그것은 가설적 사례이기 때문에, 우리는 다른 것들을 그대로 유지한 채 우리 이야기의 사실들을 조작할 수 있다. 왜냐하면 어떤 조건들을 변경하는 것은 그 개념이 적절하게 새로운 사례에 적용될 수 있는지에 관한 우리의 직관을 변경시킬 수 있는지 아닌지를 시험할 수 있기 때문이다. 예를 들어, 우리는 그 소녀가 자신의 나이에 관해 질문을 받을 때마다, "나는 다섯 살이에요"라고 앵무새처럼 대답하는 사례를 고려할 수 있다. 그러나 그것은 그 소녀가 "5"라는 개념을 한 손의 손가락들에 적용할 수 없고, 그 소녀가 다섯**이라고** 말하는 것이 무엇을 의미하는지를 설명할 수 없다. 이러한 상황 속에서 그 소녀가 자신의 나이를 아는 것일까?

문제에 접근하는 이러한 방식은 **사고 실험**이라고 불린다. 우리는 우리의 개념 사용에 있어 암묵적인 것을 명시적으로 드러내기 위해 사고 실험을 사용한다. 한 개념의 윤곽을 탐구함으로써 — 그것의 구체적 사례로의 적절한 적용의 한계를 시험함으로써 — 우리는 세계를 기술하기 위해 우리가 사용하는 용어를 더 잘 알게 된다. 이러한 탐구의 과정은 우리로 하여금 우리가 포착하기로 되어 있는 현상에 그것을 적용하기에는 불충분한 개념을 사용해 왔다는 것, 우리가 마주치는 **사물**은 그것에 관해 생각하고 말할 때 우리가 사용하는 **개념**보다 더 복잡하다는 것을 이해하도록 만들 수 있다.

우리의 개념 사용에 있어 암묵적인 것을 명시적으로 드러내는 표현적 자조의 또 다른 하나는 **논리적 탐구**이다. 두 개의 주요한 **논리적 탐구**의 유형이 있다. 첫째, 논리적 **분석**은 복합 명제들을 그것들의 보다 단순한 구성 요소들로 분해한다. 예를 들어, 논리적 분석은 만일 내가 **현 프랑스 국왕은 대머리이다**라는 복합 명제를 믿는다면, 나는 **누군가가 지금 프랑스 국왕**이고, **이 사람은 대머리이다**라는 보다 단순한 명제들(Russell 1905)에 암묵적인 참여를 한다는 것을 보여 준다. 둘째, 논리적 **종합**(또한 "추론"으로 알려진 것)은 우리에게 만일 우리가 어떤 믿음들의 집합을 주장한다면, 우리가 **다른** 무엇 때문에 궁지에 몰리는지를 말해 준다. 예를 들어, 논리적 종합은 만일 내가 **모든 인간이 죽을 운명이고 소크라테스가 인간이**라는 것을 믿는다면, 나는 암묵적으로 **소크라테스가 죽을 운명**이라는 명제에 참여한다는 것을 보여 준다. 우리가 우리의 참여들 속에 논리적으로 함축된 것을 탐구함으로써 그것들의 전 범위를 명시적으로 만들 수 있는 것은 논리적 탐구를 통해서이다. 논리적 구성 요소들과 우리의 참여의 논리적 귀결은 결코 우리에게 떠오르지 않을 수 있다. 따라서 우리는 지금도 앞으로도 그것을 받아들이지 않을 수 있다. 그러나 논리적 탐구는 우리에게 만일 우리가 그 진술들을 정말 받아들**인다면**, 우리가 무엇을 받아들**여야만 하는지**를 보여 준다.>4

>4 스코틀랜드의 철학자 데이비드 흄(David Hume, 1711-76)은 사실적 전제들로부터 규범적 결론을 이끌어 낼 수 없다는 것을 지적했다. 즉 "이다(is)"로부터 "이어야만 한다(ought)"를 이끌어 낼 수 없다([1740] 2000: Book III, ch. 1, sec. 1, par. 28). 내가 위의 텍스트에서 이러한 실수를 한 것처럼 보일 수 있다. 그러나 이는 잘못이다. 그 결론은 축약된 것이고, "비합리성을 위반하면…"에 의해 완결될 것이다. 합리적이라고 간주되기를 바라거나 누군가 합리성의 규범을 범했다고 하는 사실은 그 결론을 타당하게 이끌어 낼 규범적 전제들을 제공한다.

나는 (브랜돔을 따라) 개념들과 그것들의 적용을 위해 우리가 제공하는 정당화들에 대한 철학적 탐구가 왜 본질적으로 암묵적인 것을 드러냄으로써 명시적인 것을 실천하는 것인지를 설명하였다. 이것은 철학을 한다는 것이 무엇을 의미하는지에 관한 한 가지 그럴듯한 견해이다. 따라서 이러한 기초를 수중에 잘 가지고서 우리는 철학적 해명의 이러한 개념화에 보다 친숙해지기 위한 몇 가지 사례들을 더 고려해 보도록 하자.

만일 내가 의사들과 간호사들로 가득한 방 안의 의학 회의에서 줄기 세포 연구가 도덕적으로 그르다고 말했다고 가정하자. 나는 도덕적으로 허용되는 실험들을 도덕적으로 금지된 실험들로부터 어떻게 차별화하는지를 묻는 청중으로의 질문을 잘 받아넘겨야 할 것이다. 나의 결론에 정보를 제공했던 요소들을 언급하기 시작할 때, 나는 줄기 세포 연구가 도덕적으로 그르다고 말함으로써 **내가 의미한 것을 분명하게 만들려고** 할 것이다. 만일 내가 비용이 이익을 압도한다고 말한다면, 청중은 내가 **부도덕**으로써 **비효율**을 의미한다는 것을 알 것이다. 만일 내가 줄기 세포 연구는 인간 생명의 신성함을 침해한다고 말한다면, 청중은 내가 **부도덕**으로써 **신성 모독**을 의미한다는 것을 알 것이다. 만일 내가 줄기 세포 연구는 모든 과학적 그리고 의학적 실험 참여자들로부터 정보를 갖춘 합의를 요구하는 의료 윤리 규범을 침해한다고 말한다면, 청중은 내가 **부도덕**으로써 예를 들어, 뉘른베르크 규약[1947](1949)에 대한 무시 혹은 아니면 불법을 의미한다는 것을 알 것이다.

만일 누군가 효율성은 도덕적 고려가 아니라고 대답한다면, 그녀는 문제시되는 현상에 내가 사용했던 개념(즉, 도덕적으로 그르다)의 **충분성**에 도전하는 것일 것이다. 그녀는 경제적 효율성의 담화는 줄기 세포 연구의 도덕적 측면에 이르지 못한다고 말하려는 것이다. 만일 누군가 신성 모독은 신성함을 다양하게 해석하는 사회에서 공공 정책을 입안하는 설득력 있는 고려가 아니라고 제안한다면, 그녀는 내가 그 개념을 적용한 맥락 속에서 그것의 **중요성**에 도전하는 것일 것이다.

이와는 달리, 만일 내가 줄기 세포 연구는 도덕적으로 그르다고 말한다면, 아마도 나는 참이거나 거짓일 수 있는 어떤 것을 말하려는 것일 것이다.[5] 우리는 참된 도덕적 주장과 거짓된 도덕적 주장 간의 차이를 어떻게 말할 수 있을까? 참된 도덕적 주장은 그것을 참으로 만드는 경험적 사실들이 있다는 의미에서 참된 과학적 주장과 비슷한 것인가? 도덕적 주장은 우리가 형식적 증거를 기대하는 수학에서의 참된 주장과 비슷한 것인가? 혹은 만일 **진리**가 도덕적 주장에 적용하기에는 너무 어려운 개념이라면, **정당화**는 어떤가? 누군가 도덕적 판단을 **정당화**하는 것을 시작하기 위해 어떤 고려를 예증할 수 있을까?

우리가 다음과 같은 것들에 관해 의문을 가질 때 우리는 **철학적** 반성을 시작하게 될 것이다: (a) 우리가 사용하는 개념들의 중요성과 충분성, 그리고 (b) 진리 주장을 하기 위해 그러한 개념들을 사용하는 데 제공될 수 있는 정당화. 우리기 고려하는 사례 속에서, 철학적 반성은 도덕적으로 그르다는 개념과 그것을 줄기 세포 연구에 적용하기 위해 제공될 수 있는 정당화에 초점을 맞추는 것일 것이다.

---

[5] 설명의 편의를 위해 나는 도덕적 옳음/그름에 관한 진술들이 참 또는 거짓일 수 있는 진술들이라고 가정하기를 원한다. 이러한 견해는 도덕 이론에서 "인지주의(cognitivism)"라고 불린다. 윤리학의 **비**인지주의 이론가들은 도덕적 진술들은 사실을 진술하는 것을 지향하지 않는다고 주장한다. 즉, 진리 주장을 하도록 기능하는 대신에 그것들은 정서 혹은 선호를 표현하거나 자기 자신 혹은 타인들에게 행위를 처방한다. 인지주의와 비인지주의는 행동의 도덕성에 관한 견해들이 아니라 행동의 도덕성을 이론화할 때 무엇이 문제시되는지에 관한 견해들이기 때문에, 윤리학의 분야에 속하는 것이 아니라 **메타**윤리학(즉 윤리학에 대한 연구)의 영역에 속한다. 그럼에도 불구하고 학생들은 이러한 관념들을 윤리학 교과 과정에서 마주칠 가능성이 높다.

마지막 두 문단들에서 제기된 문제들은 철학자들이 **철학적으로 생각하기** 시작할 때 그들이 무엇을 **하는지**에 관한 몇 가지 예들을 보여 준다. 하지만 우리가 고려했던 진술은 추상적이었다. 따라서 우리는 현재 미국의 정치적 논쟁으로부터 보다 구체적인 사례를 고려해 보도록 하자. 조지 부시(George W. Bush) 대통령이 줄기 세포 연구에 관한 그의 행정부의 입장을 선언했을 때, 그는 냉동 배아 ― 당시 줄기 세포 계열의 가장 전도유망한 자원 ― 가 **인간 생명**인지 아닌지에 관한 질문에 직면했다고 보고했다(Bush 2001). 보통 우리는 "인간 생명"이라는 개념을 우리의 일상 생활에서 조우하는 존재들에 적용하는 데 (혹은 그것을 철회하는 데) 어려움을 겪지 않는다. 당신은 나중에 **다른** 종류의 존재라는 것을 알게 된 어떤 것을 **인간** 존재로 간주했던 실수를 회상해 볼 수 있는가? 그러나 배아들(특히 냉동 배아들)이 인간 생명의 사례로 고려되어야만 하는지 아닌지는 합리적이고 정보를 잘 갖춘 사람들이 격렬하게 불일치하는 문제 사례이다.

글쎄 ― "인간 생명"이라는 개념을 당신과 나를 포함한 어떤 세포 다발에 적용한다는 것은 무엇을 의미**하는가**? 어떤 것이 **인간 생명**인지 아닌지를 안다는 것이 어려운 한 가지 이유는 우리가 한 유기체를 **인간** 존재라고 부름으로써 단순히 생물학적 분류 이상의 것을 의미한다는 것이다. 심지어 해부용 시체들도 그러한 종의 구성원들이고 그것들은 나머지 우리들과 같은 동일한 유전자를 공유하고 있다. 그러한 해부용 시체가 인간 생명이라고 말하는 진술은 정의상 거짓일 것이다. 만일 우리가 **살아 있는 호모 사피엔스**라는 분류를 사용한다면, 우리는 죽어 있는 **호모 사피엔스**와는 반대되는 것으로서 **살아 있는** 것과 연관된 것이 어떤 과정인지를 말해야만 한다. 일단 우리가 하나의 점검표 ― 운동, 호흡, 영양, 세포 (재)생성, 그리고 그 밖의 등등 ― 를 제안하자마자, 우리는 불가피하게 일부의 과정들을 보여 주기는 하지만 전부는 보여 주지 않는 유기체들의 사례들과 마주치게 될 것이다. 그리고 여전히 임의의 **인간** 생명이 반드시 보여 주어야만 하는 것에 관한 질문이 남아 있을 것이다. 혹은 "인간 생명"은 보다 모호한 개념을 표현하기보다는, 오히려 하나의 **인격**으로서 **호모 사피엔스**라는 종의 한 구성원을 규정하는 인간적 특징들과 능력들을 언급하는 것인가? 예를 들어, "인간 생명"이라는 제목에 걸맞은 임의의 인간 존재는 아마도 인지와 의식적 느낌을 가질 수 있어야만 할 것이다. 이 경우 일부의 태아들은 해당되지만, 일부의 뇌사자들과 선천적 무뇌자들(뇌 없이 태어난 사람들)은 해당되지 않는다.[6] 분명히 냉동 배아가 **인간 생명**이라는 관념 속에는 씨름해야 할 많은 것들이 있다.

　이러한 어려움들에도 불구하고, 단지 분류에 관해 약간 반성을 해 봄

---

[6]　2005년 미국에서 가장 널리 알려진 사건들 가운데 하나는 이러한 문제들을 생생하게 제기하였다. 플로리다의 제2구역 항소 법원은 테레사 마리 시아보(Theresa Marie Shiavo)가 (대뇌 피질이 전부는 아니지만 대부분이 저하되었고 대뇌의 척수액에 의해 대체되었다는 것을 고려하여) 인지적 기능을 위한 능력이 결여되었다는 것을 알게 되었다. 그리고 그녀는 일찍이 그녀의 생명이 그러한 상태에서 인공적으로 연장되는 것을 바라지 않는다는 것을 표현하였기 때문에 법정은 그녀의 남편이자 법적 후견인인 마이클 시아보(Michael Schiavo)가 그녀의 영양 및 수분 공급 장치를 제거하는 것을 허락하였다(*In re Guardianship of Schiavo* 2001). 하지만 법적 논쟁의 주변에 있던 그 **누구도** "인간 생명"이라는 개념이 시아보 여사에게 적용되지 않는다는 제안을 한 적은 없었다. 그녀의 뇌는 죽은 것이 아니었다. 왜냐하면 그녀의 뇌간이 계속 기능하여, 예를 들어, 호흡과 소화를 가능케 하였기 때문이다. 오히려 그녀는 항구적 식물 인간 상태였다. 따라서 그녀가 **인간 생명**임을 증거했다는 것으로 모든 당사자들을 확신시켰던 뇌간 활동은 어떤가? 인간 생명은 뇌간 활동을 증거해야만 하는가? 아니면 뇌간 활동은 어떤 존재를 인간 생명으로 규정하는 것들 가운데 단지 하나의 특징일 뿐인가? 시아보 여사의 생명과 존엄을 존중하고 보호해야 하는 우리의 도덕적 의무는 어떤 특징들이 현존하느냐에 따라 달라지는가? 시아보 여사는 2005년 3월 31일 사망하였다. 공개적 논의 — 대체로 소름끼치게 경솔하고, 선결문제요구의 오류이고, 정치적이고, 자족적인 — 는 그것들을 철학적으로 해명하기보다 이데올로기적으로 평가하는 참여의 결과를 보여 주고 있다.

으로써 우리는 그럭저럭 약간의 진보를 하였다. 우리가 어떤 것을 **인간 생명**이라고 부르는 이유들 중의 하나는 그것의 발생적 외양이다. 또 다른 하나는 그것이 어떤 특징적인 생물학적 과정들을 보여 주거나 보여 줄 수 있다는 것이다. 이러한 요소들이 현안 문제를 해결하는 것은 아닐지도 모르지만, 그것들은 한 유기체를 인간 생명이라고 말하는 근거들이다. 그리고 우리가 우리의 개념들의 내용을 조사할 수 있는 한 가지 방식은 무엇이 그 개념을 어떤 것에 귀속시킬 수 있는 근거로 간주될 수 있는지를 물어보는 것이다.[7]

우리가 우리의 개념의 내용을 조사할 수 있는 또 **다른** 한 가지 방식은 "만일 누군가가 배아를 인간 생명이라고 믿는다면, 그는 어떤 **다른** 명제를 옹호해야만 하는가?"를 물어보는 것이다. 만일 한 명제가 참이라면 무엇이 필연적으로 도출되는지에 주목하는 것은 **논리적 탐구**의 일부이다. 논리학은 우리의 참여의 암묵적 귀결을 살펴봄으로써 우리가 우리의 합리적 의무를 명시적으로 만드는 것을 도와준다. 예를 들어, 내가 다음과 같은 믿음들을 주장한다고 가정해 보자:

1. 인간의 의식을 위한 능력이 결여된 어떠한 존재도 인간 생명이 아니다.
2. 인간의 의식은 인간의 뇌 없이는 불가능하다.
3. 단세포의 인간 접합자는 인간의 뇌를 가지지 않는다.

(1)–(3)으로부터 논리적으로 다음이 도출된다:
4. 단세포의 인간 접합자는 인간 생명이 아니다.

>7 덧붙이자면, 새로운 특징이 개념 사용을 위한 근거로서 받아들여지고, 새로운 귀결이 개념 사용으로부터 도출되는 것으로 받아들여질 때 개념들은 진화한다 — 그것들은 불가피하게 그러하다(Brandom 2001, 특히 제1장).

나의 믿음들의 이러한 귀결은 나에게 명시적으로 떠오르지 않았을 수 있다. 하지만 만일 나의 현재의 믿음들이 **참이라면**, 다른 무엇이 **참이어야만** 하는가에 대해 탐구하는 것은 내가 인정한 참여들 속에 함축된 더 나아간 참여들을 지시한다. 나는 다음의 둘 중 하나에 대한 합리적 의무를 가진다:

☑ 울며 겨자 먹기이다. 따라서 나의 참여들의 귀결들을 받아들여라(그것을 좋아하든 그렇지 않든) **혹은**

☑ 그 결론으로 나를 이끌어 갔던 나의 원래의 참여들을 수정하라.

만일 내가 그 결론을 거짓으로서 거절한다면, 나는 나의 믿음들의 내용을 붙잡아서는 안 되거나, 아니면 나의 믿음들의 귀결들을 음미할 수 없는 것이다. 어느 쪽이든 나는 나의 참여들에 착수할 때 **정당화된** 사람으로 간주되지 않을 것이다. 왜냐하면 나는 심지어 그것들을 이해하지도 못한 것으로 보이기 때문이다.

　우리가 고립된 한 진술(프랑스의 대머리 국왕의 사례) 혹은 다른 진술들과 연관된 한 진술(접합자의 사례)의 온전한 의미를 이해하려고 노력하든지 그렇지 않든지 간에, 철학을 하는 목적은 우리가 우리의 개념들, 참여들, 그리고 근거들의 적합성과 이것들을 근거 짓는 가치들을 평가할 수 있기 위해 그것들을 명백하게 펼쳐 보이는 것이다.

8.3 철학적 반성과 이성의 공적인 사용

철학적 반성은 우리의 삶을 형성하는 참여와 행동의 근거들을 추구하는 것에 관여한다. 우리는 예를 들어, (만일 그렇다면) 살인자를 처형하는 것이 왜 부도덕한지 혹은 (만일 그렇다면) 인간 복제가 인간의 존엄과 왜 양립 불가능한지에 대한 이유를 이해하기를 원한다. 만일 우리가 왜 살인자들을 처벌해서는 안 된다거나 인간 복제를 추구해서는 안 되는지에 대한 설명을 원한다면, 우리는 논증 — 이러한 문제들에 관해 왜 다시 천착해야 하는지 어디로 행동해야 하는지를 말해 주는 근거들의 연쇄 — 을 필요로 한다.

하지만 철학자들은 대화로 설명을 발전시킨다. 철학자들은 근거를 찾는 다른 사람들과 의사소통하고, 비평, 논증, 그리고 대담한 이론화를 통해 그들에게 도전함으로써 이에 관여한다. 철학자들은 대체로 그들이 다음의 것들을 믿고 있기 때문에 그들의 생각과 질문을 다른 사람들과 소통한다: (a) 그들이 **그것에 관여함으로써** 합리적 사유를 위한 인간의 가능성을 경작하는 것을 돕는 도덕적 의무를 가진다는 것. (b) 인간의 합리적 사유를 위한 가능성은 다른 사람들과의 **대화로써** 가장 잘 경작된다는 것.

그럼에도 불구하고, 몇몇 철학자들은 우선 확인 가능한 대화 상대방에게 스스로를 설명하지 않는다. 때때로 철학적 탐구는 사회적이고 간주관적이기보다 사적이고 내성적이다. 하지만 이러한 반성들조차도 다른 사람들에게 관여하는 이성의 사용에 개입한다. 첫째, 철학적 반성은 다른 사람들의 통찰과 논증에 의해 자주 촉진된다. 따라서 우리는 다른 사람들의 견해를 지지하는 추리를 이해하려고 노력할 때 그들에 관여하는 것이다. 둘째, 프리드리히 니체(Friedrich Nietzsche)[8] — 그는 "내가 왜 그

---

[8] 니체(Nietzsche, 1844-1900)는 대략 십 년 동안 바젤 대학교의 고전 철학 정교수를 지냈다. 그는 진리, 지식, 미학, 그리고 특히 유대-기독교적 도덕성에 관한 전통 철학적 견해에 대해 신랄한 비평을 발전시켰다. 그는 자주 실존주의와 연관되고, "신은 죽었다. 신은 죽어 있다. 그리고 우리가 그를 죽였다. 어떻게 우리가 모든 살인자들의 살인자인 우리 자신을 안락하게 할 수 있겠는가?"([1882] 1974: 181-2)라고 썼던 것으로 유명하다.

토록 좋은 책들을 썼는가"라고 냉소적으로 제목을 붙인 장(章)에서 오늘날 그 누구도 자신의 말을 들으려 하지 않고 자신의 생각을 받아들이지 않는 것이 이해될 뿐만 아니라, 심지어 그것이 자신에게는 올바른 것처럼 보인다고 쓸 수 있었던 철학자이다 ─ 와 같은 저자조차도 여전히 그의 작품들을 읽고 "'현대의' 사람이 성취할 수 있는 것보다 더 높은 수준의 실존으로 이끌어질" 누군가를 독자로 염두에 두고 있었다(Nietzsche 〔1888〕 1967: 259). 그러므로 (의도된 청중을 발견할 수 없는) 철학자들도 여전히 그들의 논증을, 희망컨대, 앞으로 만들어져 갈 청중에게 지향하고 있는 셈이다.

우리가 개인적으로 이성의 관점에서 어떤 계몽을 얻을 수 있든지 간에, 철학자들은 어떤 통찰의 합리적 근거들을 설정하고 그것의 논리적 그리고 실천적 귀결을 탐구하기 위해, 그들의 이성의 사용을 과거에 그것들을 철저하게 추리했던 이들의 것과 비교하기 위해, 사물을 보다 더 탐구하려는 의무와 바람을 느낀다. 간단히 말해, 고립된 사변과 분석이 무엇이든지 간에, 철학자들은 합리적 사람들의 공동체로 돌아와서 그들의 발견들을 합리적 성취로서, 근거가 주어질 수 있는 진리로서, 그래서 아직 인지되지 않는 다른 진리들에 대한 믿음을 보장하는 근거로서 세울 수 있도록 제시하지 않으면 안 된다고 느낀다. 여기에 하나의 규범적 핵심이 놓여 있다: 철학자들은 일반적으로 존경받고, 인정되고, 그리고 아마도 다른 합리적 존재들에 의해 받아들여질 **만한 가치가 있는** 개념화와 정당화를 정교하게 하는 데 관심을 가진다.

활동으로서의 철학 ─ 사람들이 그들의 믿음들의 합리적 근거들과 개념들의 윤곽에 대한 그들의 의식을 깊게 하기 위해 하는 어떤 것 ─ 은 제도, 텍스트, 그리고 경험이 권위를 가지는 다른 사고 양식들과 중요한 점에서 다르다. 실제로 자기 자신의 독립적 이성의 행사를 성취하는 것이야말로 바로 권위의 본성이다(예를 들어 Raz 1994 : 198를 보라). 역으로 철학은 한 사람이 합리적 확신의 결과일 때에만 정당하게 믿음을 형성하고 주장하는 반성의 방식이다. 일반적으로 그것은 공적으로 이용 가능한 증거들에 기초한 논증을 통해서 성취된다.

만일 우리가 줄기 세포 연구의 도덕성을 설명하는 다양한 양식들을 검토하면, 철학과 다른 이해 양식들 간의 차이는 쉽게 명백해진다. 우리는 어려운 도덕적 질문에 접근하는 다음과 같은 가능한 방식들 가운데 있을 수 있다:

☑ 신에게 물어볼 수 있다.

☑ 우리의 종교적 지도자들에게 물어볼 수 있다.

☑ 투표를 할 수 있다.

☑ 전문가들에게 물어볼 수 있다.

☑ 비용-편익 분석을 하고 어떤 정책이 최대 다수의 사람들에게 최대의 선을 산출하는지를 알아볼 수 있다.

☑ 어떤 행동의 과정들이 우리의 인간 존재로서의 자기-이해(예를 들어, 합리적, 자율적, 계몽적, 혹은 타락한 존재)에 정합하는지를 물어볼 수 있다. 혹은

☑ "인간 생명"이 생물학적으로 그리고 인간 생명에 관해 하나의 견해를 채택하고 있는 우리의 다른 전통 속에서 무엇을 의미하는지를 철저하게 생각해 보고, 이러한 개념화들이 그것들이 포착하려고 지향한 현상에 정합적이고 충분한지를 물어볼 수 있다.

이것들은 모두 그것들 자체의 합법성의 영역을 향유하고 있는, 어려운 문제들을 설명하는 양식들이다. 그리고 우리는 항상 이러한 양식들에 의

지한다. 그럼에도 불구하고, 철학자들은 우선적으로 두 가지 활동에 관계한다: 우리의 개념들을 명료화하고, 우리의 믿음들을 정당화하는 것. 따라서 철학적 탐구의 최선의 후보가 될 만한 것은 바로 마지막 양식이다(비록 끝에서 두 번째 양식도 쓸 만한 후보이긴 하지만 말이다).

우리가 줄기 세포 연구를 추구해야만 하는지에 대한 질문에 관심을 가지는 철학의 몇 가지 영역들이 있다. 윤리학에 관심을 가진 철학자들은 그것을 우리가 무차별적인 세포 덩어리에 대해 의무를 가지는지 혹은 인간 존재의 생물학적 발전 속으로 기술적 개입을 하는 도덕적 충격이 무엇인지에 관한 질문으로 여길 것이다. 과학 철학자들은 정치적 결정이 과학 연구 프로그램을 어떻게 형성시키고 무엇이 "합법적" 과학 연구를 구성하는지에 관해 생각할 것이다. 정치 철학자들은 다른 것들에 우선하여 어떤 연구 프로그램을 장려하는 데 있어 부족한 지적, 재정적 자원들을 어떻게 할당해야 하는지를 물어볼 것이다.

우리가 사회적으로 그리고 정치적으로 중요한 문제들에 관해 협동적 결정을 할 때 엄청나게 힘든 시간을 가진다는 것을 명심하는 것이 철학의 목적에 관해 생각하는 데 도움이 된다. 만일 당신의 동료들이 당신의 종교적 혹은 과학적 전망을 공유하지 않는다면, 그들이 인간 생명에 대한 당신의 개념화를 채택하도록 확신시키는 어렵다(예를 들어, 낙태와 안락사에 관한 현대의 소통 단절을 보아라). 물론 다른 사람들이 당신의 개념화를 공유하지 않는다는 사실이 당신이 그들의 깊은 전제들을 검사하는 것을 막지는 않는다. 또한 그것은 그들이 당신의 깊은 전제들을 조사하는 것을 막지도 않는다. 그러나 만일 누군가의 확신이 권위 혹은 불가해한 신의 의지에 대한 경험이라는 돌이킬 수 없는 참여라면, 개념적 그리고 논리적 탐구가 우리를 어떠한 인간 존재라도 신뢰할 수 있는 근거들에 호응하는 정책들과 결정들로 이끌어 갈 무슨 여지가 남아 있겠는가? 달리 말해, 합리성에 대한 우리의 능력이 우리가 어떻게 생각하고 행동해야 하는지에 구성적인 역할을 수행하도록 하기 위해, 우리는 근본적인 인간적 중요성(과 이로부터 불가피하게 도출되는 결정)을 지닌 가시돋친 질문들에 어떻게 접근해야만 하는가?

우리의 기본적 참여들에 대한 정당화를 이해하는 것은, 철학자들이 주로 관심을 가지는 경향이 있는 영역(예컨대 진, 선, 미)에서처럼, 모든 영역에서 그렇게 당혹스러운 것은 아니다. 탐구에 착수하고자 하는 누군가의 파악 내에서 정당화가 잘된 진술들이 빈번하게 이루어진다. 만일 내가 지금 막 어떤 측정 결과를 보고한 한 물리학자에게 그녀가 대답을 단순히 만들어 낸 것이 아니라는 것을 내가 어떻게 알겠느냐고 묻는다면, 그녀는 다음과 같이 대답하는 것은 당연하다: "나는 당신이 내 말을 믿든지 안 믿든지 신경 쓰지 않습니다! 만일 당신이 그렇게 회의적인 사람이라면, 당신이 직접 그 측정을 수행해 보는 것이 어떻겠습니까?" 즉, 경험적 탐구를 정직하게 유지시키는 것(따라서 우리 문화에서 매우 존중받는 것)의 일부는 **간주관적 확인**의 활용 가능성이다: 다른 사람들이 그 탐구에 참여할 수 있고, 우리의 작업을 점검할 수 있고, 그리고 필요하다면 그것을 개선시킬 수 있다. 간주관적인 시험과 확인이 어떻게 사적인 계시와 권위적인 전통 혹은 텍스트들로부터 도출된 전제들에 적용될 수 있을지는 훨씬 덜 명확하지만 말이다.[9]

---

[9]   하지만 누구나 권위와 전통에 적어도 언젠가는 복종해야만 한다. 예를 들어, 아무도 화학 수업에서 원소들의 원자 무게를 검증하는 수고를 하지는 않는다. 그리고 이 경우에 우리들 중 그 누구도 주기율표를 "맹목적으로" 신뢰했다고 비합리적인 것은 아니다. 그러므로 우리는 권위에 의지하는 것이 합리적인 경우와 그것이 그렇지 않은 경우를 어떻게 식별하는가? 나는 독립적인 확인을 위한 가능성은 판명성과 **어떤** 관계가 있다는 제안을 하고자 한다. 학생들은 이러한 쟁점을 더 추구하기 위해 인식론 혹은 과학 철학 수업을 이수해야만 한다.

　과학과 마찬가지로, 철학의 중심 목표들 가운데 하나는 간주관적 탐구를 촉진하기 위해 증거와 논증을 사용하는 것 — 다른 사람들과의 대화를 통해 근거들을 조사함으로써 통찰을 모색하는 것이다. 즉 철학은 본질적으로 사회적인 현상(개념들과 정당화들)을 본질적으로 공적인 도구들(합리적 논증들, 설명들, 그리고 탐구자들의 공동체에 설명된 비평들)에 의해 연구함으로써 단순히 사적인 경험과 개인적 확신의 주관적 영역을 초월하는 것을 지향하는 종류의 활동이다. 진리에 대한 불완전한 파악만을 가지고서 우리 인간들은 항상 불확실한 조건하에서 힘든 결정을 해야 하는 곤경 속에 있다. 철학자들은 (a) 우리가 우리 자신과 세계에 관해 생각하기 위해 사용하는 개념들에 대한 보다 큰 명확성과 (b) 우리가 지금처럼 사고해야만 하는 근거들에 대한 보다 깊은 이해가 우리로 하여금, **비록 잘못된 것일지라도**, 진리를 식별할 수 있는 우리의 능력을 잘 사용한 참여들과 결정들에 이르도록 도와줄 것이라고 생각하는 경향이 있다.

　(『변론(*Apology*)』에서 플라톤이 썼던 유명한 말[1997(c): 38a]처럼) 검토되지 않은 삶은 스스로를 지적으로 예리하고 정서적으로 조화롭다고 생각하는 종류의 존재들인 우리에게 가치 있어 보이지 않는다. 이것은 한 사람의 삶이 그것을 검토함으로써 어쨌든 정당화될 수 있다거나 그러한 검토가 필연적으로 어떤 영원한 진리를 강조할 것이라고 말하는 것이 아니다. 오히려 우리의 삶을 검토하고, 우리의 자의식을 시험하며, 우리의 실천적이고 이론적인 추리를 평가함으로써, 우리는 우리가 할 수 있는 최선의 것을 우리의 참여와 행동에 불어넣는 것을 지향한다. 바람직한 결과는 인간 존재가 스스로에게 요구하고 다른 사람들을 소중히 여길 정도의 자율성을 가지고 행동할 수 있게 되는 것이다.

　철학자들은 자율성에 대한 경합하는 개념화를 제공한다. 한 설명에 따

르면, 자율성은 권위가 개인적 자율성을 존중했을 때에만 사람들이 그것
을 인정하려 했던 근대 시기의 특징이다. 그 결과 사람들은 정치에서 자
기 결단과 합리적 작인들의 이익에 근거한 윤리적 원리들로 이끌어졌다.
위르겐 하버마스(Jürgen Habermas)>10는 근대성이란 "그 자신으로부터
그것의 규범성을 창조해야만 한다"라고 진술함으로써 자율성을 향한 이
러한 충동을 묘사한다(Habermas 1990: 7). 이러한 견해에서 자율적 작
인은 그 자신의 합리적 본성으로부터 이끌어져 나온 법칙에 복종한다.
그것은 자기-규제적이다(**자신의**(*auto*)+**법**(*nomos*)). 이와 달리, 그 자신
의 합리적 본성보다 규범적 권위에 복종하는 의지는 타율적이다. 왜냐하
면 규범은 우리의 합리적 본성과는 다른 수단에 의해 주어지기 때문이다
(Kant [1785] 1964: 108-9; [1788] (1993): 33). 우리가 규범의 합법성
에 대한 칸트적 접근을 어떻게 이용하든지 간에, 적어도 자율적 작인들
이 혼자 힘으로 숙고하고, 그들의 숙고의 결과에 대해 책임을 진다고 말
하는 것은 참이다. 이러한 행동은 둘 다 대안을 평가하는 작인을 요구한
다. 이러한 방식으로 판단과 자기-반성을 실행하는 것은 "판명하게 인간
적인 능력이다. 그리고 이러한 능력의 실천은 인간적 풍요에 본질적인
기여를 하는 것이다(Saphiro 2002: 388)." 이는 다른 사람들과의 대화라
는 방식으로 실천될 때 더욱 더 그러하다.

  내가 철학을 하는 것이 실제적으로 말해 공적인 숙고의 방식으로 행하
기보다 고독한 반성과 참을성 있는 읽기와 쓰기(그리고 다시 읽고 다시
쓰는 것)에 보다 많은 시간을 보내는 것에 관계된다고 말하면서, 철학적

>10 하버마스(Habermas)는 독일 마인주 프랑크푸르트에 있는 요한 볼프강 괴테 대학교
    에 있는 철학 연구소의 에머리투스 교수(Emeritus Professor)이자 노스웨스트 대학
    교 철학과의 종신 방문 교수이다. 그는 프랑크푸르트 비판 이론 학파에 연루되어 있
    고, 사회 이론, 정치적 자유주의, 그리고 의사소통 이론에 대한 광범위한 저술을 하
    였다.

탐구의 공적인 성격을 강조하고 있는 것은 서로 부합되지 못하는 것처럼 보인다. 예를 들어, 데카르트는 논리적 연역을 지식의 원천으로 확인하는 동시에, 그 결과는 지적인 측면, 즉 이성의 관점에서 그것의 구성적 전제들이 명석하고 판명하지 않다는 점에서 불확실하다는 입장을 취하였다([1644](1985): 290). 논증이 확실성을 산출하기 위해서 지적인 능력은 연역의 요소들이 의심할 나위 없는 진리라는 것을 파악해야만 한다. 따라서 데카르트의 설명에 따르자면, 합리적 논증은 지식을 획득하는 데 중요한 역할을 한다. 하지만 가장 근본적인 진리를 파악하는 것은 필요한 것도 충분한 것도 아니다. 내가 논증하였듯이, 이 모델에서는 이성의 **공적인** 사용이 합리적 통찰에 왜 통합되어야 하는지가 명백하지 않다.

　철학이 이성의 공적 사용에 관계한다는 견해에 대한 또 다른 반례를 고려해 보라. 아리스토텔레스는 철학이 진리에 대한 지식 — 즉 지혜를 구성하는 제일 원리들과 원인들에 대한 이론적 지식이라 주장했다(1984(b): II.993b20-21과 I.982a4-5). 한 개인은 존재의 영원한 청사진[11]을 명상을 통해 조사하고 내면화함으로써 이론적 지식에 이른다(1984(a): III.430 a3-5). 나아가 한 개인은 진리를 명상하기 위해 대화 상대방을 필요로 하지 않는다: "현명한 사람은, 심지어 홀로 생각할 때조차도, 진리를 명상할 수 있다. 그리고 그가 현명하면 할수록, 아마도 만일 동료를 가지고 있다면 그가 더 잘할 수 있겠지만, 그는 여전히 가장 자기-충족이다(1984(c): X.1177a32-34)." 진리가 직관을 통해 파악될 수 있다는 점에서 데카르트의 것과 유사한, 아리스토텔레스의 철학에 대한 개념화를 고려하는 것은 나에게 내가 정교화하려는 철학관을 우리가 명확하게 구별할 필요가 있다는 것을 지적한다.

---

[11]　이러한 일상어는 아리스토텔레스의 용어 *ta noeta*, 즉 현실적인 지적 형식들을 포착하려고 의도된 것이다.

나는 우리가 진리를 알고 이론적 지식을 획득하며 깊은 실존적 질문을 탐구하기 위해 이성의 공적인 사용에 개입할 필요가 있다고 논증하는 것이 아니다. 명상은 논증 혹은 설명과 동일한 것이 아니다. 특히 후자의 활동들이 명백한 도덕적 그리고 정치적 문제들의 부조화에 직면하여 합리적 합의를 촉진시키는 방향을 지향하는 한 말이다. 또한 나는 인간 존재의 가장 기본적인 질문들에 명확성을 가져다주는 형이상학적 사변의 형식들에 반대하는 논증을 하는 것도 아니다. 사실 철학에 대한 이러한 이해는 최근에 철학과 (때때로 형이상학적 사변이 융합된) 종교적 신념 간의 관계에 대한 지속적 반성을 공표한 사람이자, 열정적으로 철학적 탐구의 자율성을 옹호한 사람인 교황 요한 바오로 2세(Pope John Paul II)[12]에 의해 활기를 되찾았다: "실존의 궁극적 진리를 발견하려는 바람에 의해 추진되는, 인간 존재는 스스로를 더 잘 이해할 수 있게 하고 그들 자신의 자아-실현을 진보시킬 수 있는 지식의 보편적 요소들을 획득하는 것을 추구한다(1998: §4)." 철학에 대한 이러한 개념화는 "인격적이고 사회적인 실존으로서의 인간의 의미와 궁극적 토대(1998: §5)"와 같은 근본적인 철학적 질문들의 주변을 지향하고 있다. 하지만 이성과 철학의 통찰들은 신비스럽게 드러나는 것이 아니다. 부분적으로 그것들은 간주관적으로 확증되고 열정적인 논증에 의해 시험되기 때문에 우리를 확신시킨다(1988: §§4, 29). 따라서 우리가 우리 자신의 힘으로 진리를 파악할 수 있든지 없든지 간에, 철학은 우리가 함께 사물들의 근거를 찾아내는 탐구의 한 형식이다.

>12   카롤 보이티아(Karol Wojtyla, 1920-2005)는 교황 요한 바오로 2세가 되기 전에 신학과 철학을 연구했고, 그의 고향인 폴란드에 있는 루블린 카톨릭 대학교에서 막스 셸러(Max Scheler)의 윤리학에 관한 학위 논문을 작성했으며, 후에 철학적 인간학에 관한 논문을 썼다.

이와 상당히 유사한 맥락에서 로버트 노직(Robert Nozick)[13]은 "철학이 의미하는 단어는 지혜에 대한 사랑이다"라고 썼다(1993: xi). 그럼에도 불구하고 그는 다음과 같이 설명하였다:

철학자들이 실제로 사랑하는 것은 추리이다. 그들은 이론들을 정식화하고 그것들을 지지할 근거들을 정돈한다. 그들은 반대들을 고려하고 이것들을 충족시키려고 애쓴다. 그들은 다른 견해들에 반대하는 논증을 구성한다. 심지어 이성의 한계를 선언한 철학자들 — 고대 그리스의 회의주의자들, 데이비드 흄, 과학의 객관성을 의심하는 자들 — 조차도 모두 그들의 견해를 지지할 근거들을 예증하고, 반대하는 견해들의 난점을 제시한다. 선언이나 경구가 논증을 신전에 모셔 놓고 이를 묘사하지 않는다면, 그것들 또한 철학으로 간주되지는 않는다(위의 책).

내가 주장하고 있는 견해에 따르면, 이성이 가질 수 있는 다른 소명이 무엇이든지 간에, **철학에서의** 이성의 역할은 궁극적 진리를 직관하거나 존재와의 신비스러운 교류를 하는 것이 아니라 다른 사람들과의 대화에 참여하는 우리의 합리적 근거들을 발전시키고 시험하는 것이다.

그러나 우리가 "우리의 합리성은 우리의 숙고와 추리 혹은 다른 구체적 행동 혹은 활동뿐만 아니라 우리가 기능 — 이러한 기능이 이성에 호응하거나 호응해야만 하는 한 — 하는 보다 광범위한 방식으로 스스로를 드러낸다(Raz 2002: 71)"라고 생각해서는 왜 안 되는가? 비판적 사고는

---

[13] 노직(Nozick, 1938-2002)은 하버드 대학교의 아서 킹즐리 포터 철학 교수(Arthur Kingsley Porter Professor of Philosophy)이다. 그는 회의주의와 오류 가능주의에 매우 큰 영향력을 미친 인식론에 관한 글을 썼지만, 아마도 자유주의 정치 이론을 옹호한 것으로 가장 잘 알려져 있을 것이다.

모든 사고를 매달아 둘 하나의 근거를 찾는 데 관여할 필요는 없다. 일례로 하이데거(Heidegger)는 "비판적으로 사고한다는 것은 항상 그것의 정당화를 위한 증거를 요구하는 것과 그것의 진리를 확인하기 위해 그것을 단순히 파악하고 그것에 참여하는 것을 요구하는 것 사이의 차이를 식별하는 것(1976: 26; Macquarrie 1994: 103에서 인용)"이라고 주장하였다. 전망의 차이는 그 무엇에 의해서도 설명될 수 없다. 나는 누군가가 진리에서 끌어들인 수단을 설명하려고 시도하는 것이 아니라, 오히려 누군가의 참여(즉, 정당화)를 근거들 위에 기초시키고, (희망컨대 이로부터 도출될) 누군가의 참여에 자격을 부여하는 사회적 지위를 획득하는 것의 목적과 가치를 설명하려는 것이다.

예를 들어, 우리는 서로에게 논증을 함으로써 이성을 공적으로 사용한다. 그리고 거기에서 우리는 공통으로 공유하는 개념화들의 귀결을 이끌어 낸다. 이런 식으로 우리는 우리가 이미 주장한 참여들 덕분에 서로 합리적으로 어떤 결론에 참여한다는 것을 발견할 수 있다. 하지만 공통으로 공유하는 개념화로부터 추리를 하기 위한 전망은 우리와 같은 다원주의 사회에서 그리 밝은 것 같지 않다. 만일 줄기 세포 연구에 반대하는 당신의 근거가 당신의 종교적 믿음에서 나온다면, 그리고 내가 당신의 종교적 믿음을 공유하지 않는다면, 당신이 그러한 근거들에 기초하여 논증함으로써 나에게 당신의 결론을 확신시킬 수 있을 것 같지 않다. 우리는 공통의 근거를 다른 곳, 즉 우리의 집단적 참여들 가운데서 발견하고 그 토대 위에서 윤리적 질문에 대한 대답을 추구할지도 모르겠다. 그러나 그 계획 또한 실패할지 모른다. 우리는 서로가 다른 편 입장에 대해 하나의 윤리적 입장을 정당화하는 것을 허용하기에 충분한 기초적 개념화들과 참여들을 공유하지 못할지도 모른다. 만일 사정이 그러하다면, 이성의 공적인 사용의 핵심은 무엇이란 말인가?

 추리의 막다른 골목으로서의 근본적 불일치로부터 등을 돌리고, 보다 쉽게 공유될 것 같고 그래서 더 나아간 합의를 산출할 것 같은 개념화와 참여에만 주목하는 것은 이성의 공적인 정당화를 추구하는 것의 교훈적 가능성에 대한 부족한 참회가 될 것이다. 공적인 정당화를 시도하는 것의 교훈적 가능성의 한 부분은 "내가 다른 사람들에게 내 생각에 현명하다고 생각하는 결정과 태도를 지지하기 위해 어떤 근거들을 제공할 수 있는가?"라는 질문에 대답하는 것이 깊은 반성을 요구한다는 것이다. 우리가 반대자에게 어떤 옹호를 해야만 할 때, 우리는 (a) 우리의 견해를 합리적으로 지지하기 위해 우리가 옹호할 필요가 있는 참여들과 (b) 당면한 문제에 논리적으로 함축되지 않는 부가물들 간의 차이를 무차별하게 만들도록 강요받는다. 이런 식으로 우리 자신의 믿음의 토대를 면밀히 조사하는 것은 자기-지식(self-knowledge)에 기여할 뿐만 아니라, 극복될 필요가 있고 당면한 문제에서 저 차이들을 치워 버릴 필요가 있는 중요하지 않은 불일치들을 전면에 가져다준다. 비판적 조사는 "옹호하는 반응의 방해 없이 가치의 온전한 의미를 이해하려고 노력하는 것(Krishnamurti 1996 : 10)"에 관계한다. 즉 우리로 하여금 어떤 경합하는 견해에 반대하도록 하는 반응은 오히려 그 논증에서 실제로 무엇이 문제시되는지를 이해하는 것이다.

 또한 공적인 정당화를 시도하는 것은, 때때로 우리 각자가 어떤 결정과 태도를 변호하는 것이 충분한 합리적 근거와는 무관하고 전적으로 선개념, 편견, 습관, 전략, 자부심, 연대감, 혹은 평판을 위한 관심 등과 관련되기 때문에, 교훈적일 수 있다. 비록 우리가 믿음을 획득하는 이러한 양식들이 도덕적으로 그리고 합리적으로 허용될 수 있다는 결론을 내리려고 할지라도, 그것들 가운데 어떠한 것도 강력하게 **진실한**, 즉 일차적으로 참된 믿음의 산출을 지향하는 것은 아니다(예를 들어, Goldman

1999: ch. 3을 보라). 만일 믿음의 토대가 솔직하게 토의된다면, 우리는 보다 쉽게 그것이 참인지 아닌지, 그리고 만일 거짓이라면 그것을 고칠 것인지 아닌지를 발견할 수 있을 것이다. 만일 그것이 거짓이라면, 그리고 우리가 그 믿음이 어떻게 형성되었는지를 안다면, 또한 우리는 그러한 형성으로 이끌어 갔던 양식을 수정할 수 있다.

공적인 정당화를 추구하는 것의 교훈적 가능성은, 우리의 개념화들과 참여들의 토대가 다른 사람들에 의해 가장 공유될 **것 같지 않을** 때, 가장 정확하게 잘 접근될 수 있다는 것이다. 이러한 경우 서로에게 동의하는 것에 반대하거나 서로를 반박하는 것에 관해 다른 사람들로부터 배울 수 있고, 그 상호작용에 의해 계몽될 수 있는 전망이 있다. 예를 들어, 누군가 종교적 근거들을 정돈함으로써 입장을 정당화할 때, 몇몇 사람들이 공적인 토의에는 세속적인 근거들만이 적절하다고 반대하는 것은 흔한 일이다. 하지만, 하버마스(Habermas)가 관찰하였듯이(2006: 10), 이것은 정치에서 공적인 정당화의 주제를 설명할 때 범하는 실수이다. 그는 다음과 같이 쓰고 있다:

자유 국가는 종교적인 사람들과 공동체가 정치적으로 그들 자신을 표현하는 것과 **같은 것**[예를 들어 종교적 근거들에 상응하는 세속적 상관물들을 발견하지 않은 채]을 좌절시켜서는 안 된다. 왜냐하면 그것은 세속적 사회가 그렇지 않았다면 의미와 정체성을 창조할 주요 자원으로부터 스스로를 잘라내는 것인지 아닌지를 알 수 없기 때문이다. 세속적 시민들이거나 종교적 설득력을 지닌 다른 사람들이거나 확실한 상황하에서 종교적 공헌으로부터 무엇인가를 배울 수 있다. 예를 들어, 만일 그들이 그들 자신의 숨겨진 직관을 규범적 진리 내용 속에서 인지할 수 있다면, 그것이 그러한 경우이다.

이러한 통찰은 정치적 맥락을 넘어서 적용된다. 친숙하지 않은 개념화들을 해명하고, 보편적으로 공유되지 않는 전통의 "규범적 진리 내용"(즉 가치의 문제에 관한 진리 진술)에 근거한 정당화를 제공하는 것은, 공통의 문제를 설명하는 것을 도울 수 있는 공적인 "정체성과 의미의 창조를 위한 자원"을 이용하는 효과를 가질 수 있다. 이러한 자원들이 어떠한 권위에 근거해서 받아들여질 필요는 없다. 왜냐하면 그것들은 존재해 왔지만 활성화되지 않은 다른 사람들의 독립적인 직관에 의해 확인될 수 있기 때문이다.

따라서 직접적이지는 않지만 하버마스의 견해와 존 롤스(John Rawls)[14]의 견해 사이에는 긴장이 있다. 롤스는 "우리가 정치적 행동을 위해 제공하는 근거들이 … 충분하다고 진실로 믿고, 우리 또한 다른 시민들 역시 그러한 근거들을 합리적으로 받아들일 것이라고 생각할 때에만, 우리의 정치적 권력의 실행은 적절하다"라고 쓰고 있다(1999: 137, cf. 14). 나는, 예를 들어, 만일 종교적 근거들이 다른 사람들이 식별할 수 있고, 따라서 "합리적으로 받아들일" 수 있는 규범적 진리 내용을 표현한다면, 종교적 근거들에 기초하여 정치 권력을 실행하는 것이 적어도 정치적 자유주의의 전망에서 볼 때 적절하다고 가정한다. 왜냐하면 그것 역시 충분한 세속적 근거들에 의해서 표현될 수 있는 진리에 기초할 것이기 때문이다. 시민들이 오직 합리적일 때에만 롤즈가 "적절하게 공적인 근거들(1999: 144)"이라 불렀던 것을 받아들인다는 일련의 근거들은 세속적 근거들이거나 사람들이 다른 사람들의 참여를 지지하기 위해 정돈된 개념화와 정당화에 마주하여 잠재적으로 변형되기에 앞서 이미 우

>14 롤스(Rawls, 1921-2002)는 죽기 전까지 40년 동안 하버드 대학교에서 가르쳤다. 그는 많은 사람들에 의해 특히 정치적 도덕성과 정치적 자유주의 이론에 대한 그의 독창적인 공헌을 통해 20세기의 가장 중요한 정치 철학자로 간주되고 있다.

연히 받아들인 근거들로 구성되어야만 한다고 생각하는 것은 잘못이다. 이성의 공적인 사용은 이성에 호응하는 누군가의 참여에 관계한다. 그리고 때때로 그러한 호응은 누군가의 마음을 바꾸게 되는 것을 의미한다.

나는 개념화와 정당화를 해명하는 것에 대한 합리적 의무를 인지해야 한다는 것을 옹호해 왔다. 그러나 전략적 사례 역시 옹호할 수 있다. 철학자들은 때때로 다양한 전망을 가진 사람들이 **어떤 목적을 위하여** 수렴될 수 있는 개념화를 정교화하게 해달라는 요청을 받는다. 인권 분야는 창조성이 전략적 수렴에 어떻게 본질적인지를 보여 주는 좋은 사례이다. 어떠한 국제적 인권 문서들의 구체적 사항들도 인간 존재의 존엄성에 필요한 필수 조건들에 대한 어떤 특정 신조의 견해를 지닌 정교한 진술들이 아니다.>15 하지만 최근에 170개 국가가 참여한 1969년의 「모든 유형의 인종 차별을 제거하기 위한 국제 대회(*International convention on the Elimination of All Forms of Racial Discrimination*)」와 176개 국가가 참여한 1979년의 「모든 유형의 여성 차별을 제거하기 위한 대회(*Convention on the Elimination of All Forms of Discrimination against Women*)」의 일부 문서들>16은 다양한 견해들이 매우 밀접한 가족 유사성을 가질 만큼 충분히 유사한 것으로 간주되어 왔다. 국제 정치학과 국제법의 목적을 위한 권리의 개념화가 발전하는 것은 어떤 견해를 위한 합리적 정당화를 제공하는 것과는 다른 종류의 활동이다. 권리의 국제적 규범들 — 자연법 이론가들이 **만민법**(*jus gentium*), 즉 국가들의 법이라고 불렀던 것 — 을 정교화하는 것은 논리적 연역보다 더 창조적이고 실천적인 지혜를 요

>15 유엔의 인권 문서들은 ⟨http://www.unhchr.ch/html/intlinst.htm⟩에서 온라인으로 발견할 수 있다.

>16 문맥상의 숫자를 살펴보면 현재 유엔 총회에는 192개 회원 국가들이 있다. ⟨http://www.un.org/Overview/unmember.html⟩을 보라.

구한다. 하지만 그것은 철학적 탐구가 일반적으로 배양하는, 근본적 관심과 간주관적 합의의 가능성에 대한 감수성에 동일하게 의존한다.

　다원주의 사회에서 공통으로 공유되는 참여들이 거의 없다는 사실로부터 배울 수 있는 교훈은 우리가 철학을 단순히 구성적 노력, 공통의 이해에 기초하여 공통의 문제에 대한 해결책을 형성하는 것으로 보아서는 안 된다는 것이다. 비록 철학이 문제들을 연구하고 때때로 해결책을 향한 길을 제시하기도 하지만, 철학은 일차적으로 실천적인 문제 해결 혹은 합의 형성의 양식이 아니다. 우리는 불확실성과 불일치의 조건 아래에서 문제를 해결하기 위해 인지적 숙고와 다수결 투표에 의해 결정에 이르는 민주적 정치 과정을 가지고 있다. 또한 우리는 어느 정도 호소력 있는 관념들과 제도들을 만들어 내고 아마도 양심의 미적 경작을 통해 합의에 이르도록 하는 소설가들을 가지고 있다(Rorty: 1989 chs 7-8을 보라).

　심지어 이성의 공적인 사용을 통한 간주관적 정당화의 전망을 보다 회의적으로 보는 철학자들(특히 미셸 푸코(Michel Foucault)[17]와 장 프랑수아 리오타르(Jean-Fraçois Lyotard)[18])은 라이벌 견해들의 경합은 오직 힘의 행사를 통해서만 끝나게 된다고 주장해 왔다(Foucault 1988:

---

[17]　푸코(Foucault, 1926-84)는 콜레주 드 프랑스(Collège de France)에서 가르쳤고, 아마도 **주체화**(subjectiviation): 사회적, 정치적 종교적 그리고 역사적 힘들이 개인에 미치는 작용을 통한 자아의 구성에 대한 연구로 잘 알려져 있다.

[18]　리오타르(Lyotard, 1924-98)는 파리 대학교와 에모리 대학교에서 가르쳤다. 대체로 그의 책, 『포스트모던의 조건(*The Postmodern Condition*)』(1984)에 따르면, 그는 그가 "메타담화를 향한 의심(xxiv)"으로 정의한 포스트모더니즘과 연관되어 있다. 즉, 예를 들어, 근대적 개인들이 과학을 물리적 세계에 대한 예측과 통제를 용이하게 하는 시스템을 개발할 뿐만 아니라 실재에 관한 진리를 발견하는 것에 관한 합법적 설명으로 받아들인 이유는 포스트모더니즘의 지지자들에 의해 옹호될 수 없고 시대에 뒤처진 것으로 여겨진다. 포스트모더니즘과 자주 연관된 그러한 입장들 중의 하나

18 ; Lyotard 1985 : 14-17 그리고 ch. 7 곳곳에서). 이제 합리적 탐구를 통한 공적 정당화의 추구는 때때로 토의, 설명, 명료화, 개정, 교화의 **끝**으로서 — 즉 이성의 공적인 사용이 수렴되는 **종착점**을 추구하는 것으로서 생각된다. 내가 여기서 제시한 철학에 대한 견해는 합리적 해명의 목적을 다르게 생각한다. 철학이 간주관적 합의를 **용이하게 하고**, 창조적 사고와 민감한 대화를 **촉진하며**, 그리고 희망컨대 그로 인해 권위주의적 개입의 전망을 **줄이기**를 바라는 견해는 경합하는 문제들에 대한 합의를 보장하는 것이 철학과 철학자들의 능력을 넘어서는 것이라는 인식과 전적으로 부합하고 있다.>19

는 근대 시기의 가치들 — 보편적 진리, 객관적 지식, 합리적 탐구, 도덕적 절대자들, 그리고 민주주의적 협동을 포함하는 가치들 — 이 주로 엘리트들의 지배적 경향을 합리화한다는 것이다.

>19 다음과 같이 논점을 보충하고 있는 푸코를 읽는 것은 몇몇 사람들을 놀라게 할 수 있다: "만일 당신이 권력 관계를 개인들이 행동하고 다른 사람들의 행동을 결정하는 수단으로 이해한다면, 나는 그것이 없는 사회가 있을 수 있다고 믿지 않는다. 문제는 완벽하게 투명한 의사소통을 하는 유토피아에서 그것들을 해소하려고 노력하는 것이 아니라, 자신의 자아에 법의 규칙들, 관리의 기술들, 또한 그리고 윤리학, 즉 **에토스**, 최소한의 지배를 가지고 행사되는 권력 게임을 허락하는 자아의 실천을 제공하려는 것이다"(1988 : 18 ; cf. 1984 : 379).

부록 I: 절 번호(∮)와 상호 참조된 핵심어들

참고문헌

Appiah, K. A. (1993) *In My Father's House: Africa in the Philosophy of Culture*. Oxford: Oxford University Press.

Aristotle (1984a) *On the Soul*. In Barnes (ed.) (1984), vol. 1.

Aristotle (1984b) *Metaphysics*. In Barnes (ed.) (1984), vol. 2.

Aristotle (1984c) *Nicomachean Ethics*. In Barnes (ed.) (1984), vol. 2.

Aristotle (1984d) *Rhetoric*. In Barnes (ed.) (1984), vol. 2.

Audi, R. (ed.) (1995) *The Cambridge Dictionary of Philosophy*. New York: Cambridge University Press.

Barnes, J. (ed.) (1984) *The Complete Works of Aristotle*, 2 vols. Princeton: Princeton University Press.

Bellow, S. [1964](1996) *Herzog*. New York: Penguin Classics.

Bilgrami, A. (1995) What is a Muslim? Fundamental commitment and cultural identity. In Appiah, K. A. and Gates, H. L. (eds.), *Identities*. Chicago: University of Chicago Press, pp. 198–219.

Brandom, R. (2001) *Articulating Reasons: An Introduction to Inferen-*

tialism. Cambridge, MA: Harvard University Press.

Brandom, R. (2004) Reason, expression, and the philosophic enterprise. In: Ragland, C. P. and Heidt, S. (eds.), *What is philosophy?* New Haven: Yale University Press, pp. 74–95.

Brown, L. (ed.) (1993) *The New Shorter Oxford English Dictionary*, 4th edn. 2 vols. New York and Oxford: Oxford University Press.

Bush, G. W. (2001) Remarks by the President on Stem Cell Research, August 9, 2001 〈http://www.whitehouse.gov/news/releases/2001/08/20010809-2.html〉.

Clinton, W. J. (1999) Remarks by the President on Foreign Policy, February 26, 1999 〈http://clinton4.nara.gov/WH/New/html/1999 0227-9743.html〉.

Convention on the Elimination of All Forms of Discrimination against Women (1979) 〈http://www.un.org/womenwatch/daw/cedaw/cedaw.htm〉.

Cooper, J. (ed.) (1997) *Plato: Complete Works.* Indianapolis: Hackett Publishing Company.

Cottingham, J., Stoothoff, R., and Murdoch, D. (eds.) (1985) *The Philosophical Writings of Descartes*, 2 vols. Cambridge: Cambridge University Press.

Craig, W. (ed.) (1998) *The Routledge Encyclopedia of Philosophy.* New York: Routledge.

Derrida, J. (1981) *Spurs: Nietzsche's Style's*, trans. B. Harlow. Chicago: University of Chicago Press.

Descartes, R. [1641] (1985) *Meditations on First Philosophy.* In Cottingham, Stoothoff, and Murdoch (eds.) (1985), vol. II.

Descartes, R. [1644] (1985) *The Principles of Philosophy*. In Cottingham, Stoothoff, and Murdoch (eds.) (1985), vol. I.

Descartes, R. [1649] (1985) *The Passions of the Soul*. In Cottingham, Stoothoff, and Murdoch (eds.) (1985), vol. I.

Dworkin, R. (1986) *Law's Empire*. Cambridge: Harvard Belknap.

Fisher, A. (2004) *The Logic of Real Arguments*. New York and Cambridge: Cambridge University Press.

Fisher, R., Ury, W., and Patton, B. (1991) *Getting to Yes*, 2nd edn. New York: Penguin Books.

Foucault, M. (1984) Politics and ethics: An interview. In Rabinow, P. (ed.), *The Foucault Reader*. New York: Pantheon.

Foucault, M. (1988) The ethic of care for the self as a practice of freedom. In Bernauer, J. and Rasmussen, D. (eds.), *The Final Foucault*. Cambridge, MA: The MIT Press, pp. 1-20.

Foucault, M. (1998) What is enlightenment? In Rabinow, P. (ed.), *Ethics: Subjectivity and Truth: Essential Works of Foucault, 1954-1984*, vol. 1. New York: The New Press, pp. 303-19.

Goldman, A. (1999) *Knowledge in a Social World*. New York: Oxford University Press.

Habermas, J. (1990) Modernity's consciousness of time and its need for self-reassurance. In *The Philosophical Discourse of Modernity*, trans. F. G. Lawrence. Cambridge, MA: The MIT Press, pp. 1-22.

Habermas, J. (2006) Religion in the public sphere. *European Journal of Philosophy* 14(1): 1-25.

Harrell, M. (2005) Grading according to a rubric. *Teaching Philosophy* 28: 3-15.

Heidegger, M. (1976) *The Piety of Thinking*, (eds.) J. G. Hart and J. C. Maraldo. Bloomington: Indiana University Press.

Horkheimer, M. and Adorno, T. [1944] (1995) *Dialectic of Enlightenment*, trans. J. Cumming. New York: Continuum.

Hume, D. [1740] (2000) *A Treatise of Human Nature*, (eds.) D. F. Norton and M. J. Norton. New York and Oxford: Oxford University Press.

In re Guardianship of Schiavo, 780 So. 2d 176 (Fla. 2d DCA 2001).

International Convention on the Elimination of All Forms of Racial Discrimination (1969) ⟨http://www.ohchr.org/english/countries/ratification/2.htm⟩.

John Paul II. (1998) *Fides et Ratio* ⟨http://www.vatican.va/edocs/ENG0216/_INDEX.HTM⟩.

Kant, I. [1785] (1964) *Groundwork of the Metaphysic of Morals*, trans. H. J. Patton. New York: Harper & Row.

Kant, I. (1980) *Lectures on Ethics (1775–1780)*, trans. L. Infeld. Indianapolis: Hackett Publishing.

Kant, I. [1784] (1991) An answer to the question: "What is enlightenment?". In Reiss, H. (ed.), *Political Writings*, 2nd edn. New York and Cambridge: Cambridge University Press.

Kant, I. [1788] (1993) *Critique of Practical Reason*, 3rd edn., trans. L. W. Beck. Upper Saddle River: Prentice Hall.

Korsgaard, C. (1996) *Creating the Kingdom of Ends*. Cambridge: Cambridge University Press.

Krishnamurti, J. (1996) *Total Freedom: The Essential Krishnamurti*. San Francisco: HarperCollins.

Levinger, L. (2000) The prophet Faulkner. *The Atlantic Monthly* 285(6): 76–86.

Lyotard, J.-F. (1984) *The Postmodern Condition*, trans. G. Bennington and B. Massumi. Minneapolis: University of Minnesota Press.

Lyotard, J.-F. (1985) *Just Gaming*, trans. W. Godzich. Minneapolis: University of Minnesota Press.

MacIntyre, A. (2006) The ends of life and of philosophical writing. In *The Tasks of Philosophy: Selected Essays, vol. 1*. New York and Cambridge: Cambridge University Press, pp. 125–42.

Macquarrie, J. (1994) *Heidegger and Christianity, The Hensley Henson Lectures 1993–94*. New York: Continuum Press.

Mill, J. S. [1859] (1989) *On Liberty*, (ed.) S. Collini. Cambridge: Cambridge University Press.

Miranda v. Arizona, 384 U. S. 436 (1966).

Nash, O. (1948) I never even suggested it. In Williams A. O. (ed.), *Little Treasury of American Poetry*. New York: Scribner's Sons.

Nietzsche, F. [1882] (1974) *The Gay Science*, trans. and ed. by W. Kaufmann. New York: Vintage.

Nietzsche, F. [1888] (1967) *Ecce Homo*, trans. and ed. by W. Kaufmann. New York: Vintage.

Nozick, R. (1993) *The Nature of Rationality*. Princeton: Princeton University Press.

Nuremberg Code [1947] (1949) *Trials of War Criminals before the Nuremberg Military Tribunals under Control Council Law*, vol. 2, no. 10. Washington, DC: US Government Printing Office, pp. 181-2.

Nussbaum, M. C. (1998) *Cultivating Humanity: A Classical Defense of Reform in Liberal Education*. Cambridge: Harvard University Press.

Nussbaum, M. C. (2000) *Women and Human Development*. Cambridge: Cambridge University Press.

Orwell, G. (1953) Politics and the English language. In *A Collection of Essays*, New York: Harvest Books, pp. 156-70.

Plato (1997a) *Gorgias*. In Cooper (ed.) (1997).

Plato (1997b) *Republic*. In Cooper (ed.) (1997).

Plato (1997c) *Apology*. In Cooper (ed.) (1997).

Quine, W. V. and Ullian, J. (1978) *The Web of belief*. New York: Random House.

Rawls, J. (1999) *The Law of Peoples*. Cambridge, MA: Harvard University Press.

Raz, J. (1994) Authority, law, and morality. In *Ethics in the Public Domain*. Oxford: Clarendon, pp. 194-221.

Raz, J. (2002) Explaining normativity: On rationality and the justification of reason. In *Engaging Reason: On the Theory of Value and Action*. New York: Oxford University Press.

Rorty, R. (1989) *Contingency, Irony, and Solidarity*. Cambridge: Cambridge University Press.

Russell, B. (1905) On denoting. *Mind* 14: 479-93.

Russell, B. [1919] (1993) *Introduction to Mathematical Philosophy*. New

York and London: Routledge.

Shapiro, S. (1997) *Philosophy of Mathematics: Structure and Ontology*. Oxford and New York: Oxford University Press.

Shapiro, S. J. (2002) Authority. In Coleman, J. and Shapiro, S. (eds.), *The Oxford Handbook of Jurisprudence and Philosophy of Law*. New York and Oxford: Oxford University Press, pp. 382–439.

Sheldon v. Metro–Goldwyn Pictures Corp., 81 F.2d 49 (2d Cir. 1936).

Singer, P. (1993) *Practical Ethics*, 2nd edn. New York and Cambridge: Cambridge University Press.

Singer, P. (2000) *Writings on an Ethical Life*. New York: The Ecco Press.

Singer, P. (2004) *The President of Good and Evil: The Ethics of George W. Bush*. New York: Plume.

Universal Declaration of Human Rights (1948) ⟨http://www.un.org/Overview/rights.html⟩.

University of Chicago Press Staff (ed.) (2003) *The Chicago Manual of Style*, 15th edn. Chicago: University of Chicago Press.

Waldron, J. (1993) A right-based critique of constitutional rights. *Oxford Journal of Legal Studies* 13(1): 18–51.

Walton, D. N.(1998) *Ad Hominem Arguments*. Tuscaloosa: University of Alabama Press.

Zalta, E. N. (ed.) (2007) *Stanford Encyclopedia of Philosophy* ⟨http://plato.stanford.edu/⟩.

찾아보기

바

of 109

인용된 곳에서 *loc. cit.* 100

인용된 작품에서 *op. cit.* 100

인용의 밴쿠버 시스템 Vancouver system of citation 132

인용의 하버드 시스템 Harvard system of citation 147

인지적 사건 cognitive events 123

인지주의 cognitivism 183n5

인터넷 웹사이트 Internet websites 58, 148

인터넷 철학백과사전 Internet Encyclopedia of Philosophy 138

일관성 consistency

정치(학) policies 49

대명사 pronouns 96

전문 용어(법) technical terminology 134

일인칭 first-person 95-6

일차 자료 primary sources 138-142, 161n4

일치(합의), 간주관적 agreement, inter-subjective 203-4

임시방편의 *ad hoc* 102

자

자격을 부여함 entitlement 164

자기-규제 self-determination 194

자기-반성 self-reflection 194

자기-비판 self-criticism 154

자비의 원리 charity principle 71, 73

자아-실현 self-realization 196

자연 nature 133

자연법 이론 natural law theory 202

자유 freedom

선택의 to choose 172

클린턴 Clinton 108

결정하기 decision-making 173

칸트 Kant 99

자유주의 정치 이론 libertarian political theory 197n13

자율성 autonomy

~의 개념화 conceptions of 193

철학적 탐구 philosophical inquiry 195-6

합리적 rational 92-3

작용의 양식 *modus operandi* 104

잘 주목하라 *NB* 100

저 사실에 의해 *ipso facto* 103

전문 용어(법) technical terminology 133, 161n4

전자 텍스트, 권위 있는 e-texts, authorized 137

전제 premise

논증 argument 47, 62-3, 84, 88-9, 126-8

결론 conclusion 59, 62-3, 87-8

받아들이는 근거 reason for accepting 90-2